讀圖識世界歷史

商務印書館

讀圖識世界歷史

編　　者：本書編委會

文稿撰寫：孫淑松　黃益　吳艷玲

責任編輯：李倖儀

封面設計：涂慧

出　　版：商務印書館（香港）有限公司
　　　　　香港筲箕灣耀興道3號東匯廣場8樓
　　　　　http://www.commercialpress.com.hk

發　　行：香港聯合書刊物流有限公司
　　　　　香港新界大埔汀麗路36號
　　　　　中華商務印刷大廈3字樓

印　　刷：美雅印刷製本有限公司
　　　　　九龍觀塘榮業街6號海濱工業大廈4樓A

版　　次：2017年12月第1版第1次印刷
　　　　　©2017商務印書館(香港)有限公司
　　　　　ISBN 978 962 07 5762 4

 致讀者

　　用精美的插圖詮釋世界文明發展大勢，用扼要的文字點明世界歷史風貌，已經成為讓史學從殿堂走入大眾、為更多讀者接受的普遍方式。本書以地圖繪本的方式來解讀世界文明，讓讀者透過生動的畫面和簡潔的文字輕鬆獲取歷史知識，了解世界的昨天，把握今天，並創造明天。

　　本館出版的相關系列圖書，包括《讀圖識中國》及其英文版 *Discover China through Maps* 和即將出版的《讀圖識中國歷史》。

如何使用這本書

1.本書結構：

❶ 目錄 這裏列出了本書各篇章的名稱及頁碼，可以快速找到你想閱讀的內容。

❷ 內文 這是本書的主體部分。全書按照世界歷史行程的主線，劃分 56 個篇章，包含了政治、經濟、軍事、文化等多方面的豐富內容，直觀地展示了人類歷史的進步、國家的興衰、國際關係的發展、文化與宗教的演變等。

❸ 世界大事年表 以年表的形式列出了人類歷史行程中的重大事件。

2.使用方法：

篇章標題 ┈┈┈┈

簡練的文字，讓讀者了解各主題的基本內容。

歷史地圖，緊緊圍繞主題設置。通過 56 幅地圖，將人類自古及今的歷史行程直觀地展現在讀者面前。

歷史條目，通過插畫和文字介紹，全面表述政治、經濟、軍事、文化等多方面內容。

拜占廷帝國

東羅馬帝國首都在新羅馬（即君士坦丁堡），因此地舊稱「拜占廷」，故東羅馬帝國又稱「拜占廷帝國」。在查士丁尼一世統治期間，拜占廷帝國一度昌盛。帝國的文化和語言已經脫離羅馬，轉而受到希臘化的深刻影響。由於疆域遼闊，邊境線綿長，帝國經常受到周圍民族的襲擾。1453年，君士坦丁堡被奧斯曼土耳其人佔領，拜占廷帝國滅亡。

36

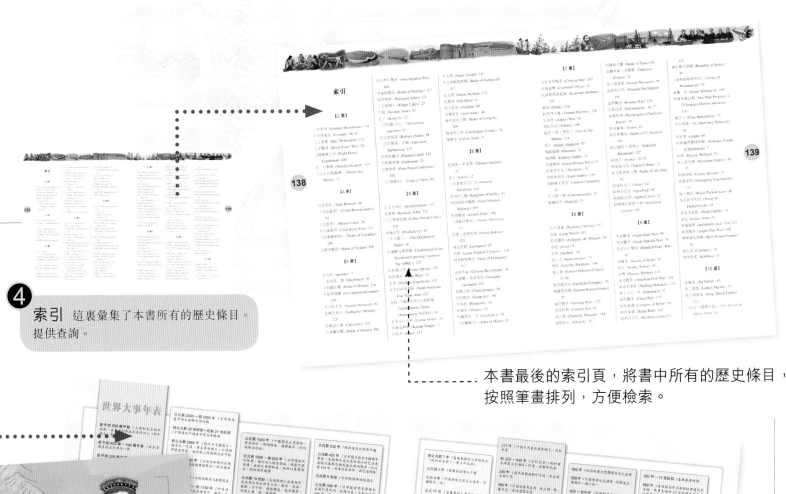

④

索引　這裏彙集了本書所有的歷史條目。提供查詢。

本書最後的索引頁，將書中所有的歷史條目，按照筆畫排列，方便檢索。

圖例是我們讀圖時必不可少的指南，各種符號表達了地圖中相應的內容。

目錄

南方古猿 距今約420萬～140萬年前，南非與東非生活着一種類人猿。他們適應非洲樹林邊緣與草原地帶，以兩腳直立行走，是現代人類的祖先。

尼安德特人 距今約12萬～3萬年前，尼安德特人居住在歐洲及西亞地區。他們額頭扁平，胸部較寬，骨骼強健，與現代人十分相似。尼安德特人是現代歐洲人祖先的近親，從約12萬年前開始，他們就生活在整個歐洲、亞洲西部以及非洲北部地區，但在大約2.4萬年前，這些古人類消失了。

非洲能人 距今240萬～160萬年前，非洲的能人已經會製造使用石片和砍砸器，還會獵取小型動物。

羅德西亞人 距今約60萬～12萬年前，羅德西亞人生活在非洲東部和南部，使用打製石器，學會人工取火。

最早的打製石器 非洲埃塞俄比亞的東北部地區出土了迄今所知最早的打製石器，距今約250萬年。

北 美 洲

明尼蘇達 •

桑地亞 •　　　• 納齊茲

米德蘭 •

特佩斯潘 •

太 平 洋

南 美 洲

大

西

洋

尼安德

阿布里蘇阿爾 •

克羅馬農 •

福貝石坑 •　特尼

西迪－阿卜杜勒－拉

阿塞納爾 •

2

遠古人類

　　當今地球上的人類祖先，最遠可以追溯到600萬年以前。從目前已經發現的人類化石看，人類的演化大致分為四個階段：南方古猿階段、能人階段、直立人階段和智人階段。

　　從遠古人類使用的工具上，大致可以分為舊石器時代和新石器時代。遠古人類生活條件艱苦，靠漁獵和採集為生，逐漸學會製造工具，發展農業。遠古人類創造了象形文字，產生了原始宗教，藝術也隨之產生了。

直立人 距今約180萬～20萬年前，直立人生活在非洲、歐洲和亞洲。直立人身材明顯增大，腦容量增加到800毫升，結構更加複雜，可能已經掌握了語言。

山頂洞人 晚期智人，發現於中國北京周口店龍骨山山頂洞穴中，距今約3萬年。他們已掌握磨光石器和鑽孔技術，學會了人工取火，靠採集和狩獵為生，並能夠使用骨針縫製衣服。

北京人 直立人，生活在距今70萬～20萬年前的今中國華北地區。他們已經學會製造使用石器，並使用火烤肉、照明、取暖等。

海德堡人 距今約50萬～40萬年前，海德堡人已經學會使用工具獵殺大型動物，能用簡單語言交流，身材高大強健。是迄今為止歐洲發現最早的直立人。

歐 洲

斯多夫
普累西勒提
特沙洛斯

阿穆德

亞 洲

榆樹

周口店

丁村
藍田
長陽　下草灣
資陽　　建德
麗江
元謀　柳江　馬壩　左鎮

太 平 洋

馬壩人 直立人轉變為早期智人的重要代表，距今約13萬年前。因出土於中國廣東韶關馬壩鎮而得名。馬壩人的眉骨向前突出，顴骨骨壁較薄，腦容量較大。

哈達爾
奧莫
東圖爾卡納
羅塔加姆
卡納波伊
奧都威
萊托利

元謀人 距今約170萬年前，元謀人已經學會捕捉野獸，打製簡單的石器，並學會使用火，是迄今所知中國境內年代最早的直立人。

尼阿

特里尼爾
莫佐克托

艾塔佩

印 度 洋

大 洋 洲

布羅肯希爾
潘
斯瓦特克蘭斯
薩爾達納

蒙戈湖

斯瓦特克蘭斯 南非斯瓦特克蘭斯洞穴發現了人類用火遺跡，是迄今最早的人類用火遺跡，距今約140萬年。

藍田人 早期直立人，距今115萬年前，因出土於今中國陝西藍田而得名。藍田人使用簡單的打製石器，獵捕野獸，採集果實和塊莖，可能會使用火。

地圖圖例

- 南方古猿
- 能人
- 直立人
- 智人

南 極 洲

地圖圖例

撒哈拉岩畫區
（約公元前6000~前1000年）

南非和東非岩畫區

阿特拉斯山脈

地　中　海

商品交易　埃及盛產黃金，埃及人用黃金向東非人換取本國缺乏的資源，如木材、銅、鐵、香料、象牙、油等。

撒　哈　拉　沙　漠

乍得湖

尼

日

爾

河

■ 傑內傑諾

傑內傑諾　非洲的早期城鎮傑內傑諾，於公元前800年左右出現在尼日爾河谷地帶，是撒哈拉以南非洲的貿易重鎮，商人雲集。

■ 諾克

剛

果

河

諾克人　諾克人是生活在非洲西部的一個部族。他們會煉鐵，用來製造武器和工具，還能製造陶器。

大

西

洋

努比亞王國　由來自今蘇丹東北部地區的努比亞人建立的古代國家。公元前8世紀，努比亞王國曾經統治埃及，建立埃及第二十五王朝。約公元前656年被亞述王國趕出埃及。公元350年被阿克蘇姆王國滅亡。

班圖人　班圖人生活在東非大湖及剛果河下游地區。在公元1世紀掌握了製陶術，3世紀已知冶鐵技術。

卡拉哈
沙漠

採集和狩獵　與相對先進的北非相比，非洲南部大部分地區的人們仍然使用石製工具，以採集水果和捕獵野生動物為生。

古代非洲

大約公元前5000年前，曾經樹木蒼翠的非洲北部因為乾燥的天氣，逐步被沙漠吞噬。直到現在，非洲呈現出兩種截然不同的地貌，北部是一望無際的撒哈拉大沙漠，南部是寬闊的高原。在北部沙漠地區，誕生了古老偉大的古埃及文明，以金字塔聞名於世。

5

巨石紀念碑 在青尼羅河上游，建有宏偉的巨石紀念碑，這是為紀念阿克蘇姆的統治者而建造的。

岩畫 距今約8000年前，非洲人繪製了精美的岩畫。撒哈拉岩畫描繪了富饒的撒哈拉風貌，被譽為「世界上最大的史前藝術博物館」。

阿克蘇姆王國 非洲東北部的古代王國，因首都阿克蘇姆城而得名。公元前6世紀崛起，並在公元4世紀達到鼎盛，曾佔有自埃塞俄比亞北部以及也門的大片土地。公元7世紀後隨着阿拉伯帝國的崛起逐漸衰亡。

豐富的水產品 南部非洲的剛果河、贊比西河水產資源豐富，為附近居民提供了豐富的水產品。

6

希臘 愛提洛島

琴

錫拉島

克里特島

地中海

小亞細亞

赫梯

卡赫美什

米坦尼

幼發拉底廊

敍利亞

塞浦路斯島

腓尼基

巴勒斯坦

耶路撒冷

古埃及文明的傳播 古埃及文明不斷向地中海傳播，愛琴海地區和小亞細亞受到埃及文明的影響，在塞浦路斯、提洛和錫拉等地均發現了古埃及的遺物。

海外貿易 古埃及人駕駛裝備有槳和帆的船，沿地中海航行，同利比亞人、腓尼基人開展海外貿易。

「黃金外交」 古埃及不但用黃金換取本國需要的資源，還用黃金收買拉攏其他國家，稱為「黃金外交」。

尼羅河盛產野生動物 尼羅河沼澤眾多，有利於野生動物的繁殖和棲息。大量的野生動物如魚類和鳥類，成為古埃及人食物的重要來源。

利比亞沙漠 **尼羅河** 尼羅河在埃及境內長達1500千米。經過不斷沉積，尼羅河在開羅附近形成了肥沃的扇形三角洲，孕育了發達的農業文明。

下埃及

吉薩 希力奧波里(開羅)
塞加拉 白城(孟斐斯)

尼羅河

上埃及

底比斯

希拉康波里

西奈半島

阿拉伯

鱷魚崇拜 古埃及早期，尼羅河擁有廣袤的沼澤，鱷魚數量眾多，當地出現鱷魚崇拜。

第一瀑布

阿布辛拜勒

第二瀑布

努比亞

紅海

泛舟捕獵 廣袤的沼澤使野生動物資源豐富，上層貴族喜愛帶着僕從、妻妾和寵物到沼澤地帶駕船射獵。

第三瀑布

巴爾卡勒山(那帕塔) 第四瀑布

第五瀑布

興建金字塔 公元前2686年，埃及古王國建立，開始大規模興建金字塔作為法老的陵墓，其中規模最大的是胡夫金字塔。

紙草 尼羅河的沼澤盛產紙草和蘆葦，不僅用於製成書寫材料，製作繩、筐和鞋子，還可以用來編葦蓆。

泥磚房 古埃及人用泥磚、蘆葦或麥草建造民居，屋頂較為平整，天氣炎熱時可以在上面乘涼。

金字塔地區

公元前3000年左右的埃及疆域

十八王朝時期(公元前1567~前1320年)的最大疆域

古代埃及

古埃及位於非洲北部的沙漠地區，尼羅河自南至北穿越埃及，每年定期氾濫，洪水退去後留下肥沃的土壤，利於農耕。

公元前3100年，美尼斯一統上、下埃及，成為埃及第一王朝的第一位法老，揭開了法老時代的序幕。古埃及文明歷時近3000年，直到公元前332年，隨着馬其頓的亞歷山大大帝征服埃及，法老時代宣告終結。

圖坦卡蒙金棺 公元前14世紀，古埃及鑄成了第十八王朝法老圖坦卡蒙的金棺。金棺金碧輝煌，上面刻滿了象形文字和神秘符號。

象形文字 公元前3500～前3100年，古埃及開始出現象形文字，用大量的符號表示不同的意思，但並未發展成字母文字。

稱量心臟 古埃及人認為人死後將接受審判，人的心臟與「真理之羽」將被放在天平上稱量，只有心胸坦蕩者才能永生，否則會被怪物吞噬。

7

吉薩金字塔 胡夫、卡夫拉和門卡烏拉三位法老及其王后的木乃伊都保存在吉薩。法老即位後，會徵調成千上萬的百姓修建金字塔，作為死後棲身之所。

哈特謝普蘇特神廟 古埃及哈特謝普蘇特女王與年幼的繼子共同管理埃及，但女王才是真正的統治者。在位期間，她在帝王谷為自己修建了神廟。

卡納克神廟 公元前2040年，古埃及人在底比斯修建卡納克神廟。神廟內供奉古埃及眾神之王阿蒙神。

斯芬克斯 一種傳說中的神聖動物，人面獅身。公元前26世紀，以法老卡夫拉為藍本的獅身人面像建成，成為吉薩金字塔的忠實守護者。

木乃伊 古埃及人相信靈魂不死，他們用香料防腐保存屍體，將屍體製成乾屍（木乃伊），葬在金字塔中。

兩河流域的早期文明

兩河流域是指底格里斯河和幼發拉底河的中下游地區，大部分位於今伊拉克境內。經過河水的不斷沖刷，這裏逐漸形成了肥沃的沖積平原，即美索不達米亞平原。兩河流域河溝縱橫，交通便利，土地肥沃，物產豐富，在這肥沃的平原上，孕育了發達的古代文明。

輪式工具得到使用　公元前3500～前3000年，兩河流域居民開始使用輪式運輸工具，擴大了貿易規模，擴展了活動區域。

水利灌溉　兩河流域各城市修建水利工程，提高了農作物的產量，可以生產出足夠多的糧食。

早期城市貿易　各城市之間出現了貿易往來，以物易物，最初由神廟主持，後來王室干預商業活動，並開始用貨幣進行交換。

羊皮書卷　公元前8世紀，西亞出現用羊皮製作的皮質書籍，稱「羊皮書卷」，比「紙草書卷」更加耐用和便於保存。

漁業資源豐富　兩河流域漁業資源豐富，漁民們用蘆葦製成輕便的葦船，在湖泊和河流中捕魚。

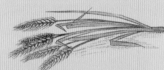

農作物出現　距今1.1萬～1萬年前，兩河流域已經開始種植小麥、大麥、豆類和無花果等農作物。

製造玻璃　約公元前2500年，兩河流域的人們已經學會製造類似玻璃球的玻璃製品。

城市出現　公元前4000年左右，隨着西亞經濟的發展，人口不斷增加，城市最終出現。

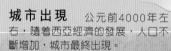

發達的畜牧業　兩河流域土地肥沃，水草豐美，畜牧業發達，出現了羊毛織物。乳酪、牛油成為人們的食品。

居住在茅草屋　兩河流域的人們用蘆葦和木材建造房屋和倉庫，用於居住和儲備食物，並圈養牲畜。

托

敍利亞

敍利亞草原

地中海

巴勒斯坦

約旦河

死海

紅海

亞述好戰 亞述人勇武好戰，其軍事技術長期領先於西亞各國，軍隊數量龐大，所到之處燒殺搶掠，非常殘酷。

凡湖

裏海

烏米亞湖

扎

格

羅

斯

山

奴隸 兩河流域城市中存在奴隸，奴隸來源是戰爭俘虜，被剃光頭髮或打上烙印，數量有限。

斯

山

亞述

底

格

亞述

里

斯

河

■尼尼微

祭神儀式 每個城市都有自己供奉的神祇，並舉行非常複雜的祭神儀式。神職人員分工不同，祭品包括精美的食品和衣物。

鐵器時代 公元前1000年以後，兩河流域出現鐵器，進入鐵器時代，鐵製農具和武器開始得到推廣。

幼

發

拉

■瑪里

底

河

神廟 兩河流域的城市中出現了神廟。神廟擁有大量土地，飼養牲畜，僱傭漁民，勢力很大。

9

伊朗高原

■埃什南納

阿卡德

美

法律審判 兩河流域法律制度比較健全，法官是臨時任命的，具備法律知識，德高望重，重大案件在神廟審判。

■西巴爾

巴比倫 ■基什 ■阿達布

■尼普爾

拉

伊新■ ■蘇路帕克 蘇美爾

■拉格什

■蘇撒

埃

蘭

■烏瑪

格

■烏魯克

■拉爾薩

■烏爾

岳

蘇美爾人 公元前5000年前後生活在美索不達米亞南部的古老族群。農業發達，創造了楔形文字，譜寫了人類最早的英雄史詩——《吉爾伽美什》。

阿拉伯沙漠

神廟土地

私人土地

王室土地

土地狀況 兩河流域土地佔有狀況基本分為三類：王室土地、神廟土地和私人土地，神廟經濟佔有重要地位。

楔形文字 公元前3500～前3200年，蘇美爾人創造了楔形文字，由簡單的圖畫符號組成，用削尖的蘆葦筆在未乾的黏土板上刻寫。

斯

波

灣

父權社會 在兩河流域的社會中，男子對婦女和兒童享有絕對權威，父親甚至可以賣掉自己的妻子和兒女來抵債。

地圖圖例

⬜ 最早的蘇美爾人居住地

—— 阿卡德王國（公元前2371～前2230年）

巴比倫王國

從公元前19世紀至公元前6世紀，阿摩利人、加喜特人和迦勒底人等先後以巴比倫城為中心，在兩河流域建立了政權。其中以約公元前1894年阿摩利人建立的古巴比倫王國和公元前626年迦勒底人建立的新巴比倫王國最為有名。

巴比倫城位於今伊拉克首都巴格達以南88公里處，是當時世界上最大的城市，面積1000多公頃，是兩河流域的政治和文化中心。

古巴比倫城　古巴比倫城曾是世界上最大的城市，擁有9個城門，城內建有規模宏大的神廟。幼發拉底河穿城而過。

阿勒頗

地 中 海

約旦河

耶路撒冷

加沙

死海

孟斐斯

尼

羅

河

底比斯

發達的科學　在長期業活動中，古巴比倫人創了發達的數學和天文學。

古巴比倫王朝　約公元前1894年，阿摩利人在巴比倫城建立國家，創立古巴比倫王朝，並逐漸發展成為大帝國。

海

羅斯山

凡湖

烏米亞湖

札格羅斯山

底格里斯河

亞述

尼尼微

亞述

發拉底河

瑪里

埃什南納

阿卡德

巴比倫王國

巴比倫

伊新

拉爾薩

烏瑪

烏爾

蘇撒

伊朗高原

裏海

阿拉伯

波斯灣

宏偉的新巴比倫城 尼布甲尼撒二世重新修建巴比倫城，由內外兩層城牆組成，外牆寬闊，頂上可以容納兩輛馬車並排馳騁。

新巴比倫滅亡 公元前539年，波斯國王居魯士率軍入侵巴比倫，兵不血刃地攻克巴比倫城，新巴比倫王國滅亡。

空中花園 新巴比倫國王尼布甲尼撒二世為了取悅他的夫人，修建了空中花園，分上中下三層，每層都種滿了奇花異草，成為世界七大奇跡之一。

「巴比倫之囚」 新巴比倫國王尼布甲尼撒二世在位時，率軍攻破耶路撒冷，將城中大部分居民俘虜至巴比倫，史稱「巴比倫之囚」。

消滅亞述帝國 新巴比倫王國與米底結盟，公元前612年，兩國聯合滅掉亞述帝國，並瓜分了其領土。

漢謨拉比 古巴比倫國王，約公元前1792～前1750年在位。在位期間，大力強化國王權威，加強中央集權，控制神廟，頒佈法典，促進了巴比倫經濟、文化繁榮。

《漢謨拉比法典》 漢謨拉比為了加強統治，頒佈了較為全面的法律，並命人刻在石柱上。石柱現藏於法國巴黎羅浮宮博物館。

獅子雕像 在古巴比倫城牆上雕刻着很多琺瑯磚獅子雕像，姿態威猛，顯示了古巴比倫高超的建築水平。

11

地 圖 圖 例

漢謨拉比時期的古巴比倫
（公元前1792～前1750年）

尼布甲尼撒時期的新巴比倫
（公元前605～前562年）

古代中國

中國是古代世界四大文明之一，中華文明歷史悠久，源遠流長。在遠古時期，中國大地上生活的原始人就學會製造使用工具、保存火種、種植農作物、馴養家畜。約公元前2070年，中國第一個王朝——夏朝建立。此後，商、周、秦、漢代代延續，中華文明綿延不絕，並被發揚光大。

白馬寺 東漢明帝派使者到西域求佛法。公元68年，在洛陽興建了中國最早的佛教寺院——白馬寺。多位高僧曾在此翻譯佛經。

蔡倫改進造紙術 蔡倫（？～121年）中國古代造紙術的重大改革者。他改進了造紙術，利用樹皮、破布、舊漁網等廉價原料製造植物纖維紙。

黃帝 傳說中國遠古時期華夏民族的首領。黃帝率領部落聯盟先後擊敗蚩尤和炎帝，統一華夏。傳說他發明衣裳、車船、音樂、曆法和器具，推動農業發展，被尊為中華「人文初祖」。

炎帝 相傳炎帝製造耒耜，教人農耕，嘗遍百草，發明醫藥，故稱神農氏。

老子 春秋末期人，中國古代著名思想家。老子認為世界的本源是「道」，提倡清靜無為，修身養性。開創道家學派，著有《道德經》。

孔子 （公元前551～前479年） 中國古代著名思想家、教育家。孔子的核心思想是「仁」，提倡仁者愛人，克己復禮，要求統治者「以德治民」。創立儒家學派，開創私人教育。

絲織品 原始社會末期，中國人已經掌握種桑、養蠶、繅絲、織綢技術，絲織品有綢、紗、羅、綺等。

黑海

大秦

地中海

奄蔡

裏海

大月氏

康

大宛

安息

波斯灣

紅海

阿拉伯海

地圖圖例

▨	中國夏時期中心區域
	中國西漢時期疆域
未定	今中國界
→	陸上絲綢之路
---	海上絲綢之路

來自北方的威脅 秦漢時期，北方的遊牧民族匈奴經常南下掠奪，成為威脅秦漢北方邊境的嚴重問題。漢武帝三次北擊匈奴，基本消除了匈奴的威脅。

翻車 三國時期魏國馬鈞改進翻車，採用龍骨葉板作為鏈條，放在木製水槽中，將翻車放在河邊。腳踏轉動鏈條，就可以把水提到田裏。

秦半兩錢 秦朝統一後，鑄造了圓形方孔的半兩錢通行全國，作為統一貨幣，這種圓形方孔錢便於鑄造和攜帶。

鐵製農具 公元前8世紀，中國人已經學會了冶鐵技術，製造了鐵製農具，但數量較少。

秦始皇陵兵馬俑 秦始皇陵兵馬俑坑位於秦始皇陵東側，包含騎兵俑、步兵俑和戰車等，形態逼真。

焚書坑儒 公元前213～前212年，秦始皇下令焚毀原來六國的史書，殺死誹謗他的方士和儒生，加強了思想專制。

秦朝統一 公元前221年，秦王嬴政統一六國，建立秦朝，定都咸陽，結束了分裂割據的局面。

秦長城 秦朝建立後，徵調工匠百姓，將戰國時期秦國、趙國、燕國的長城連接起來，並進行擴建。自此，中國長城有了「萬里長城」的稱號。

漢朝建立 秦朝統治殘酷，引發農民起義。公元前207年，劉邦滅秦。公元前202年，劉邦在垓下打敗項羽，建立西漢。

13

絲綢之路 西漢時期，中國絲綢從長安起運，遠銷到西亞、歐洲。這條以運輸絲綢為主的商路被稱為「絲綢之路」。

二里頭遺址 河南偃師二里頭村發現相當於夏商時期的宮殿建築遺存，這是迄今為止可確認的中國最早的王國都城遺址。

都江堰 約公元前256～前251年，秦國蜀郡太守李冰父子主持修建的都江堰水利工程，具有防洪和灌溉功能。

河姆渡文化遺存 距今7000～6000年前，浙江餘姚河姆渡人已大規模種植水稻，使用水井。

三星堆文化 公元前1300年左右，在四川廣漢三星堆地區出土了青銅立人像、青銅面具、青銅神樹、金權杖等大量文物。

匈奴

鮮卑

肅慎

夫餘

烏桓

烏孫

北　山

西域都護

玉門關　敦煌
鄯善　陽關

于闐

南　山

河西走廊

秦　長　城

黃
河

北京猿人遺址

秦始皇陵兵馬俑

二里頭遺址

洛陽

長安

垓下

渤海

東　海

都江堰　三星堆遺址

蜀郡

河姆渡遺址

長

江

江夏　烏江

長沙國

益州

南海

交趾　合浦

徐聞

太

平

洋

南　海

孟加拉灣

印　度　洋

古代印度

印度河和恆河兩大水系孕育着印度遠古文明。古印度文明是古代世界四大文明之一，這裏誕生了世界兩大著名宗教——佛教和印度教。

公元前323年，孔雀王朝統一印度各部。孔雀王朝的阿育王皈依佛教後，大力弘揚佛法，使佛教成為印度的重要宗教。

雅利安入侵 公元前2000～前1100年，來自中亞的遊牧部族雅利安人南下，佔據了今天的巴基斯坦和印度西北部。

巴克特拉■

特拉

摩亨佐·達羅 印度河上的古（遺址在今巴基斯坦信德省）。古印度建築風格的代表。城市四周修建有○牆塔樓，城內建有整齊的房屋和污水管道系統。

摩亨佐·達

阿姆利

對外貿易 精明的印度商人與阿拉伯及其他地區的商人保持頻繁的貿易活動，他們用香料和黃金同外國商人交換鑽石、珠寶，獲利豐厚。

婆羅門

剎帝利

吠舍

首陀羅

婆羅門教 婆羅門教是以祭祀為核心的原始宗教，相信萬物有靈、業報輪迴和祭祀萬能。婆羅門教與社會生活密不可分，逐漸形成了印度的種姓制度。

種姓制度 印度社會依據社會分工和血統分為四個種姓——婆羅門、剎帝利、吠舍和首陀羅，各種姓之間存在嚴格等級，有不同的責任和義務。

印章 在摩亨佐·達羅遺址出土了大量印章，每枚印章上都刻有動物圖案和神秘符號，這些印章可能是失傳的古印度文字。

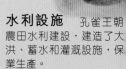

水利設施 孔雀王朝農田水利建設，建造了大洪、蓄水和灌溉設施，保○業生產。

阿 拉 伯 海

佛陀 佛教用語。本指釋迦牟尼，後演變為覺悟真理者之總稱。釋迦牟尼意為「釋迦族的聖人」，指喬答摩·悉達多，印度北部釋迦族迦毗羅衛國的王子。他主張眾生平等，尋求解脫生死的方法，於公元前530年在菩提伽耶大徹大悟，創立佛教。

印度教 世界古老宗教之一。公元前4世紀，婆羅門教經過變革，發展成為印度教。印度教三大主神是梵天、毗濕奴和濕婆。

梵天

毗濕奴

濕婆

迦梨陀娑（約4～5世紀） 印度古代詩人、戲劇家，創作了大量膾炙人口的詩作，代表作有《沙恭達羅》、《優哩婆濕》等，被譽為「印度的莎士比亞」。

呾叉始羅

喜

哈拉帕

旁遮普

馬

因陀羅普羅斯陀

哈斯提納普羅

拉

恒

藍毗尼

舍衛城

河

雅

阿蹦陀

阿旃陀石窟 為了弘揚佛教，約公元前2世紀，古印度開始在馬哈拉施特拉邦境內開鑿佛教石窟群阿旃陀石窟，歷時9個多世紀，共開鑿石窟30個。

波羅奈

華氏城

菩提伽耶

山

度河文明 約公元前50～前1750年，古印度入印度河文明時期。古印出現城市、國家，發展農使用銅器和陶器。

訥爾默達河

華氏城 孔雀王朝的都城，位於恆河岸邊，有巨型木柵欄保護，城內街道整齊，人口繁密，宮殿蔚為壯觀。

耽摩栗底

摩揭陀

婆盧羯車

阿旃陀石窟

旃陀羅笈多統一印度 公元前323年，旃陀羅笈多率部趕走了入侵的馬其頓軍隊，建立了孔雀王朝，首都華氏城（今巴特那）。

羯陵伽

阿育王石柱 阿育王為銘記戰功、弘揚佛法而在各地敕建的30餘根圓柱。石柱高十餘米，柱頭刻有雄獅、大象等動物，用象徵佛法的法輪隔開。

城市管理 古印度對城鎮管理、工商業發展和稅收有明確規定，由不同官員負責管理不同事務，職責明確，各司其職。

羯陵伽之戰 公元前260年，孔雀王朝的阿育王向南征服羯陵伽國，戰鬥中有數十萬人傷亡，阿育王深感悔恨，轉而皈依佛教。

德千高原

孟 加 拉 灣

邁索爾

農作物種植 古印度土地肥沃，農業發達。當時種植的作物有亞麻、黍、芝麻、稻穀、小麥、甘蔗和棉花等。

地圖圖例

佛教發源地

阿育王時期的孔雀王朝疆域（公元前3世紀）

公元前2000年雅利安人入侵路線

錫蘭島

地圖圖例

● 洞窟、巨石陣
■ 定居點
▲ 湖上居所

精美的陪葬品 在古代歐洲酋長和部族首領墳墓中，有精美的陪葬品，例如紋飾精美的陶製酒罐。

巨大的墳墓 在今愛爾蘭和葡萄牙，都遺存有用巨石修建的巨大墳墓，裏面安葬着古代凱爾特酋長和部族首領。

埃夫伯里史前巨石陣 古代歐洲人建造了規模龐大的巨石陣和巨石環。在英國埃夫伯里，就有規模宏大的巨石陣，據推測可能用於宗教儀式。

卡奈克巨石陣 卡奈克巨石陣是歐洲最大的巨石遺址羣，巨石數量超過3000塊，可能用於宗教儀式。

開採銀礦 古代歐洲伊比利亞半島盛產白銀，遍地銀礦，人們夜以繼日地開採銀礦。

凱爾特人 凱爾特人是歐洲的古老民族，曾遍佈伊比利亞半島、不列顛羣島和中、西歐平原。凱爾特人身材魁梧，英勇善戰，但組織鬆散，始終沒能形成統一政權，最終在與羅馬人的衝突中落敗。

大 西 洋

北 海

斯堪的納維亞半島

波 羅 的 海

萊 茵 河

阿 爾 卑 斯 山 脈

喀 爾 巴 阡

亞 平 寧 半 島

巴 爾 幹 半

比 利 牛 斯 山 脈

伊比利亞半島

科西嘉島

薩丁尼亞島

巴利阿里羣島

西西里島

地 中 海

多

瑙

■ 賈爾紹夫

哈倫達 ■

唐帕特里克 ■
▲ 諾克納拉帕

豐加特 ■

埃夫伯里史前巨石陣 ● ■ 魯尼米德

伊特福特希爾 ■

卡奈克巨石陣 ●

阿爾塔米拉洞窟 ●

拉斯科洞窟 ■

埃爾普 ■

奧爾奈-奧克斯-普朗什 ■

波斯托洛普蒂 ■

▲ 瓦瑟堡
巴爾代格 ▲

克里斯陶爾塔 ■ 萊德洛 ■
波拉達 ■

福策薩伯尼 ■

托澤格 ■

格莫拉瓦 ■

派里亞 ■

瓦蒂納 ■

科爾特斯德納瓦拉 ■

科洛德里爾 ■

魯尼 ■
納爾科 ■

斯科里奧德爾托諾 ■

克里特

古代歐洲

距今大約8000年前，歐洲東南部開始出現了傳統農業。在以後2000年的時間裏，農業耕作方式開始在歐洲傳播。人們嘗試建造固定的居所，房屋和村莊出現。同時人們已經學會製造青銅農具和工具，促進了農業生產的迅速發展。

凱爾特盾牌 古代凱爾特人英勇善戰，他們能夠製造精美堅固的盾牌和各種青銅武器。

鑄造青銅器 公元前2300年左右，歐洲出現青銅器。古代歐洲人將銅和錫按照一定比例混合，澆入模具中，製成了比紅銅更加堅硬的青銅器。

在湖中建造村莊 古代歐洲人為了防止敵人或野獸的襲擊，經常將房屋建在湖中，利用湖水保護自己。

採集珠寶 歐洲人挖掘礦物，用來製造工具或製成珠寶。他們用琥珀製成珠寶佩戴。

木製房屋 古代歐洲樹木茂密，木材充足，人們已經建造出由木料製成的房屋，但木材容易腐爛，現在遺留下來的很少。

岩畫 距今4萬～1萬年前，歐洲出現洞窟壁畫，其中著名的有阿爾塔米拉洞窟壁畫和拉斯科洞窟壁畫。

烏拉爾山脈

伏爾加河

第聶伯河

鹹海

裏海

大高加索山脈

黑海

基洛夫

塞浦路斯島

17

大西洋

北海

波羅的海

不列顛

萊茵河

腓尼基人尋找錫礦 錫是一種重要的金屬，可以用來冶煉青銅器。腓尼基人甚至駕船沿大西洋遠航，到不列顛尋找錫礦。

人祭 伊特魯里亞人信奉的神靈大都陰暗殘酷，活人被作為祭品供奉神靈，而且讓奴隸相互殘殺決鬥。

漢尼拔（公元前247～前183年或前182年） 迦太基將軍。在第二次布匿戰爭中，漢尼拔率軍翻越阿爾卑斯山，突襲意大利本土，使羅馬大為震動，後來被羅馬軍隊擊敗。

阿爾卑斯山脈

伊特魯里亞人 伊特魯里亞人一直活躍在亞平寧半島的西北部，後來羅馬興起，他們逐漸走向衰落。

亞得里亞海

18

羅馬的壯大 羅馬本來是台伯河畔的村落羣，後來發展成為龐大的城市。經過不斷擴張，羅馬成為橫跨歐亞非的龐大帝國。

亞平寧半島

台伯河

意大利

科西嘉島

■羅馬

■坎尼

加普亞■

伊比利亞半島

巴利阿里羣島

薩丁尼亞島

■新迦太基

■加的斯

卡塔赫納■

布匿戰爭 迦太基和羅馬為了爭奪地中海的主導權，曾經爆發過三次大規模的武裝衝突。由於羅馬人稱迦太基人為「布匿」，故史稱布匿戰爭。布匿戰爭以迦太基的失敗而告終。

■丁吉斯

西西里島

發達的對外貿易 希海岸線曲折，天然良港眾多海外貿易發達。古希臘人用銅器和陶器與非洲人交換金、象牙和銅。

迦太基■

地

中

■札馬

迦太基 迦太基是腓尼基人在北非建立的殖民地，後來逐漸發展成為地中海西部的貿易中心。迦太基人最終在與羅馬人的較量中失敗並被征服。

努米底亞

阿非利加

海

地圖圖例

布匿戰爭前的羅馬疆域（公元前264年）

布匿戰爭前的迦太基疆域（公元前264年）

地中海文明

　　早期的地中海文明集中在地中海東部地區，希臘人和腓尼基人都是出色的航海家和商人。為了遷移過剩人口及發展海外貿易，他們爭相在地中海沿岸建立殖民地。這些殖民地通常獨立於母邦而存在，其中最著名的當屬腓尼基人在北非海岸建立的迦太基。

　　公元前8～前6世紀，迦太基逐漸成為了地中海西部最強大的國家。羅馬崛起後，為了與迦太基爭奪地中海霸權，雙方先後發生了三次戰爭。最終迦太基被徹底擊敗，羅馬統治了整個地中海。

19

第聶伯河

黑海

瑙河

愛琴海

克里特島

小亞細亞

塞浦路斯島

腓尼基

孟斐斯 尼
埃
及
羅
河

腓尼基字母　在長期的生產活動中，腓尼基人創造了包括22個輔音字母的字母表。現代的拼音文字幾乎都能夠追溯到腓尼基字母。

拓展貿易據點　為了發展海外貿易，希臘人在地中海沿岸地區建立了數量眾多的貿易殖民地，作為貿易據點。

發達的印染技術　腓尼基人將織出的上等布料染成紫色，拿到市場出售，價格高昂，只有富裕的人才能購買。這種紫布也用來出口。

貿易戰爭　海外貿易能夠帶來豐厚的利潤。為了控制地中海貿易航線，地中海各主要民族間頻繁發生貿易戰爭。

玻璃器皿　腓尼基人學會製造玻璃器皿，製造了精美的玻璃瓶，具有很高的價值。

精明的腓尼基人　腓尼基意為「提供紫色染料的人」。他們擅長經商並精通航海術和造船術，長期主導着地中海的商業貿易活動，獲利豐厚。

巴爾幹半島

愛奧尼亞海

宗教信仰　邁錫尼人崇拜宙斯和赫拉，以及赫爾墨斯等神祇，這是希臘神話中的主要神祇，表明邁錫尼文明和希臘文明之間存在密切關係。

邁錫尼「獅子門」　邁錫尼鼎盛時期用巨石修築了雄偉的城牆，城牆大門上方刻有「獅子」浮雕，號稱「獅子門」。

喜愛金銀器物　邁錫尼人非常喜愛金銀製品，作戰用的武器都要用金銀鑲嵌，非常奢華。

■邁錫尼

伯羅奔尼撒半島

阿伽門農墓冢　阿伽門農墓冢是蜂巢狀的「圓頂墓」，墓內隨葬有大量武器，如大盾牌、矛、頭盔等，還有大量金銀器。

邁錫尼的農產品　邁錫尼農業發達，農產品種類豐富，主要有大麥、小麥、葡萄、橄欖、無花果、蜂蜜和各種香料。

■皮洛斯

青銅鑄造　邁錫尼人已經開始使用青銅器。由塞浦路斯島輸入銅，由西班牙輸入錫，合鑄成青銅器。

戲牛　克里特島流行戲牛遊戲，牛朝戲牛者奔來，戲牛者跳起，翻過牛背，體現了當地人對牛的崇拜。

希臘早期人類活動　從公元前7000年開始，古代希臘地區開始進入新石器時代，崇拜「地母神」。

商業往來　克里特島四面環海，海洋貿易發達。克里特人用香料和工藝品與埃及和利比亞人交換黃金、象牙，換取塞浦路斯的銅。

克諾索斯■

克里特島

■法埃斯

地圖圖例

愛琴文明區域

地中海

克拉澤斯半島

愛琴文明

愛琴文明主要以愛琴海為中心，由克里特文明和邁錫尼文明組成。克里特文明出現的時間較早，約公元前3000年。邁錫尼文明出現的時間大約是公元前1900年。

■ 特洛伊

小亞細亞

■ 米利都

羅得島

特洛伊木馬 邁錫尼國王阿伽門農率領希臘各邦遠征小亞細亞的特洛伊城，戰爭持續十年之久，最終聯軍利用木馬計，攻入堅固的特洛伊城。

強大的軍隊 克諾索斯國王擁有強大的軍隊，征服了周邊的許多國家。

豪華宮殿 克里特島國王米諾斯在克諾索斯建造了豪華的宮殿，包括國王宮殿、地下暖氣、豪華浴室和巨大酒窖等。

彩繪壁畫 克諾索斯宮殿內繪有大量彩繪壁畫，有姿態優美的人物和栩栩如生的花卉、動物等。

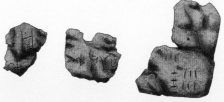

線形文字 克里特人使用象形文字符號，刻在泥板上，記錄了當時人們的經濟活動。早期文字稱為「線形文字A」，晚期文字稱為「線形文字B」。

發達的造船業 克里特人造船技術比較發達，大型商船噸位巨大，已經安裝龍骨，船上有百餘名划槳手。

馬其頓崛起 公元前338年，腓力二世率馬其頓軍隊與希臘聯軍展開決戰。聯軍遭到慘敗，除斯巴達外，各邦向馬其頓俯首稱臣。

馬 其 頓

奧林塔斯

利姆諾斯

「馬其頓方陣」 馬其頓國王腓力二世創建了戰鬥力超強的「馬其頓方陣」，由重裝騎兵和步兵組成，步兵裝備長矛和圓盾，從正面頂住敵人攻擊，騎兵則從兩側進攻。

奧林匹斯山 古希臘人認為人和自然界都是由神創造的，眾神居住在聖山——奧林匹斯山的山頂。

奧林匹斯山

露天劇場 希臘人修建了很多露天劇場，在劇場內表演舞台劇、舉行政治演講和舉辦運動會。

愛

城邦 希臘多山少平原，相對隔絕，出現了獨立的小城邦。城邦以男性公民為主導，地域狹小，經濟相對獨立。

希波戰爭 公元前5世紀，強大的波斯帝國積極向地中海擴張，不斷逼近希臘。經過多次較量，公元前449年，波斯軍隊被希臘聯軍擊敗。

琴

愛
奧
尼
亞
海

22

溫泉關

埃維亞島

普拉提亞

底比斯　阿提卡

梅加臘　馬拉松

安德羅斯島

科林斯　薩拉米斯島

雅典

阿爾戈斯　邁錫尼

奧林匹亞

伯羅奔尼撒半島

神廟 希臘人崇奉神話傳説中的神祇，並大規模修建神廟。神廟不僅是舉行宗教儀式的場所，也是政治、文化活動中心。

基
克
拉
澤
斯
群
島

提洛
帕羅斯

奧林匹克運動會 公元前776年，第一次奧林匹克運動會在奧林匹亞舉行，每四年舉行一次，只允許男性參加，獲勝者將得到一頂桂樹枝葉編成的花冠。

皮洛斯　斯巴達

勇敢的斯巴達人 斯巴達人接受嚴格的軍事訓練，以強悍的重裝甲步兵聞名，戰鬥力非常強大，以此稱雄希臘城邦。

米洛斯島

移民運動 古希臘人口激增造成土地和糧食緊張。公元前750～前550年，希臘人掀起向海外移民的高潮，在地中海西部和黑海沿岸建立了很多殖民地。

基西拉島

陶片放逐法 雅典在公民大會上投票選出最不受歡迎的人，得票6000張以上將被流放到外邦10年。當時使用的選票是碎陶片，因此被稱為「陶片放逐法」。

地
中
海

地 圖 圖 例

公元前8～前6世紀的希臘

對外交流 移民運動促進了海外貿易的發展，希臘人用農產品和手工業品與周邊國家交換所需物品。

克諾索斯

克里特島

古代希臘

公元前800年左右，希臘各地人口激增，經濟開始活躍，糧食產量增加。希臘多山少平原的特殊地理環境，間接促使以公民為主體的城邦國家出現。此後，希臘政治、藝術、文學、哲學高度發達，成為西方文明的發祥地，也是古代世界文明中心之一。

財產等級制 公元前6世紀初，雅典執政官梭倫按財產的擁有量把公民分為四個等級，不同等級享有不同權力，承擔不同義務，使富裕的工商業者可以參與政權。

瓶畫 希臘工匠製造了精美的陶罐，上面裝飾有精美的花紋，還繪有神話和英雄故事。

荷馬（約公元前9～前8世紀） 古希臘偉大詩人。荷馬以口述的形式創作了《荷馬史詩》，包括《伊里亞德》和《奧德賽》。

蘇格拉底（公元前469～前399年） 古希臘思想家、哲學家。蘇格拉底重視道德的約束作用，通過發問的形式探討人生真諦，使哲學成為真正研究「人」的學問。

智者學派 從公元前5世紀開始，古希臘出現智者學派。他們否定神的意志，崇尚人的價值和尊嚴，並向青年人有償傳授辯論技巧。

《擲鐵餅者》 約公元前450年，古希臘藝術家米隆（約公元前480～前440年）製作了《擲鐵餅者》雕塑，表現了人體的運動美和一觸即發的動感。

巴特農神廟 雅典的守護神雅典娜女神的神廟，興建於公元前5世紀的雅典衛城。廟中供奉着用黃金、象牙裝飾的雅典娜女神像。

古希臘戰艦 古希臘海軍戰艦使用三排槳，艦上可以承載200餘名士兵，短小精悍，曾多次擊敗波斯海軍。

色雷斯

■ 特洛伊

萊斯沃斯島

小亞細亞

薩摩斯 ■

■ 米利都

羅得島

安東尼長城

哈德良長城

北海

波羅的海

大

西

洋

不列顛

倫丁尼 ■

入侵不列顛　公元43年，羅馬人入侵不列顛。為免遭北方「野蠻人」侵擾，羅馬人先後修築了哈德良長城和安東尼長城。407年被迫退出不列顛。

公共浴所　羅馬城內有完整的公共浴所，通過火炕供暖裝置取熱。人們在浴所裏洗澡、健身、休息。

征服高盧　高盧是歐洲古地名，位置相當於今日的法國、比利時以及荷蘭、盧森堡、瑞士和德國西部的一部分，居民以凱爾特人為主。公元前58～前51年，凱撒擊敗了高盧各部落，並著有《高盧戰記》一書。

萊茵河

高盧

多瑙

龜形屏障　羅馬軍隊攻擊堡壘時，士兵將盾牌層層疊在一起，構成龜形屏障，相互保護，在箭矢中緩慢前進。

24

維恩內 ■

熱那亞 ■

意大利

亞得里亞海

羅馬士兵的裝備　羅馬士兵裝備精良，主要武器是標槍、佩劍。士兵手持弧形長盾、頭戴鐵盔，身穿金屬做成的胸鎧、腳穿帶釘的皮涼鞋。

塔拉戈納 ■

供水系統　羅馬城內建設了完整的供水系統，用高大的引水渠和飲水槽將遠處的水引入城中，為居民提供飲用水。

科西嘉島

台伯河

西 班 牙

薩貢托 ■

加普亞 ■
維蘇威火山

新迦太基 ■

巴利阿里羣島

薩丁尼亞島

龐貝古城

加的斯 ■

西西里島

密列

地

利利貝 ■

敍拉古 ■

迦太基 ■

札馬 ■

中

努 米 底 亞

阿 非 利 加

羅馬滅亡　由於持續戰亂和外敵入侵，羅馬帝國逐漸衰落。395年，羅馬分裂為西羅馬帝國和東羅馬帝國。476年，西羅馬帝國覆滅。

海

羅馬元老院　羅馬共和國時期的元老院由300名貴族組成，國家大事要由元老院討論決定。

龐貝古城　龐貝古城坐落於亞平寧半島西南部，經濟發達，文化昌盛。公元79年，意大利維蘇威火山爆發，龐貝城被火山灰掩埋。

母狼乳嬰的傳說　孿生兄弟羅慕洛和瑞莫斯是戰神馬爾斯的私生子，剛出生就被王位篡奪者扔到台伯河，一隻母狼用奶汁餵養了他們。後來，羅慕洛建立了羅馬城，並將「母狼乳嬰」作為市徽。

SPQR

古代羅馬

羅馬興起於台伯河畔的村落羣，公元前753年，羅馬建城，市徽是「母狼乳嬰」。古代羅馬分為羅馬共和國時期（公元前509～前28年）和羅馬帝國時期（公元前27～公元476年）兩個時期。

經過不斷向外擴張，羅馬逐漸成為橫跨歐、亞、非的龐大帝國。古羅馬人吸收了周圍民族的物質與文化成果，豐富發展了本民族的文化，成為地中海地區舉足輕重的國家。

羅馬競技場　羅馬競技場是巨大的圓形建築，建於公元70～82年間。角鬥士和兇猛動物在此廝殺，供人們取樂。

角鬥士　早期的角鬥士往往由戰俘和奴隸充當，以彼此廝殺和與動物搏鬥取悅觀眾。

上圖拉真長城

下圖拉真長城

潘提卡佩昂■

繁華的街道　羅馬城街道兩側擠滿了銷售各類物品的商店，還有酒吧和大量的手工作坊，商品琳瑯滿目。

黑　海

拜占庭■

《十二銅表法》　公元前451年前後，古羅馬頒佈了第一部成文法典《十二銅表法》，刻在十二塊銅牌上。法律條文清晰，使審判案件有法可依。

裏　海

底格里斯河

帕提亞（安息）

小亞細亞

■安條克

幼發拉底河

愛琴海

雅典

巴達

克里特島

對外貿易　羅馬與周邊部落及國家保持着頻繁的貿易聯繫，但隨着疆域的擴展，許多對外貿易變成了國內貿易。

塞浦路斯島

寬闊的道路　羅馬修建了四通八達的道路系統，筆直寬闊、路基堅固，為運輸軍隊和貨物提供了保證。

阿拉伯

尼

亞歷山大港■

尼羅河

埃及

奪取埃及　公元前31年，屋大維打敗了盤踞在埃及的執政官安東尼和克利奧帕特拉女王，迫使女王自殺，並控制了埃及。

紅海

地圖圖例

—— 羅馬共和國時期的疆域

—— 羅馬帝國時期的疆域

第聶伯河

美洲的早期居民（一）

　　大約2萬年前，西半球的第一批居民從寒冷的西伯利亞出發，穿過白令海峽來到北美大陸。他們為了尋覓食物，四處遷徙，足跡遍佈北美大陸。後來，他們開始定居生活，並發展出不同的文明形態。

白令海

崖屋　出於防禦野獸侵擾的需要，阿那薩吉人將房屋建在懸崖峭壁的凹陷處，上面有天然岩棚，稱為「崖屋」。

獵捕馴鹿　馴鹿會定時遷徙。最初，北美洲的獵人們在馴鹿必經之地用長矛獵捕馴鹿，後來使用射程較遠的弓箭獵捕。

26

圍捕野牛　北美平原野牛是羣居動物，獵人們合力將野牛驅趕到懸崖，以便大量獵殺野牛。

「編筐人」　阿那薩吉人掌握了精巧的編筐技術，被稱為「編筐人」。他們種植玉米、南瓜，男子負責狩獵，提供肉食。

太

阿那薩吉人　主要分佈在亞利桑那州北部，年代為公元前800～公元1550年。早期阿那薩吉人建造了複雜的地下房屋和村莊，居住在地下坑道或半地下洞穴中。

平

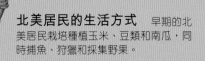

北美居民的生活方式　早期的北美居民栽培種植玉米、豆類和南瓜，同時捕魚、狩獵和採集野果。

洋

因紐特人　生活在北極地區，居住在半圓形雪屋中，主要從事狩獵、捕魚。他們食肉，用動物的油脂做燃料，毛皮做衣物。

象牙雕刻　因紐特人喜愛藝術造型，擅長雕刻。他們捕殺海象作為肉食，用海象皮做衣服，在海象長牙上雕刻各種圖案並製成物品。

北 冰 洋

獵捕海豹 因紐特人攜帶海豹叉或帶刺梭鏢及網、繩子等捕獵海豹。他們用叉子投向海豹，迅速用網拖住牠，直至牠筋疲力盡。海豹肉可食用，皮可用來製作小船。

格陵蘭島

易洛魁人的農牧生活 易洛魁人是北美印第安人的一支，生活在「手指湖」區。婦女從事農耕，農產品有豆類、玉米和西葫蘆。男子是戰士、漁人和獵人。

因　紐　特　人

馬更些河

洛磯山脈

哈德遜灣

阿迪納文化 發源於北美俄亥俄山谷地帶，因俄亥俄州的阿迪納墓墩而得名，年代約公元前1000～前300年。阿迪納人重視葬禮，墓中的陪葬品非常精緻。

安大略湖

伊利湖

易洛魁人

阿巴拉契亞山脈

大平原

密西西比河

大西洋

「手指湖」 伊利湖和安大略湖之間有12個狹長的湖泊，並排呈南北走向，形似手指，這是冰川運動留下的痕跡，人稱「手指湖」。

27

阿那薩吉人

霍霍卡姆人

霍普韋爾的墓葬 約公元前300～前100年，霍普韋爾文化在北美俄亥俄萌芽。霍普韋爾人學習了阿迪納人的許多習俗，專心營造墓葬和巨大的蛇形土木建築。

開採礦藏 霍普韋爾人已經學會蒐集墨西哥灣沿岸的貝殼，開採大湖區的銅和阿巴拉契亞山南部的雲母礦。

霍霍卡姆人 主要分佈在亞利桑那沙漠南部，年代約公元前300～公元1400年。霍霍卡姆人的文化水平長期處於新石器時期，他們用石器和木製工具開挖運河，建造複雜的灌溉系統，收穫糧食。

墨西哥灣

加勒比海

地圖圖例

● 阿迪納遺址

　霍普韋爾遺址

社會分工 特奧蒂瓦坎人按照職業劃分社會階層，包括陶工、油漆匠、農民、漁民等。他們的財富主要來源於耕種土地和開採黑曜岩礦。

特奧蒂瓦坎古城 位於墨西哥城東北約40公里處，「特奧蒂瓦坎」在印第安人語中是「天神降生之處」的意思。公元1世紀初出現城市，5世紀左右達到鼎盛，8世紀後半葉被焚毀。

太陽金字塔 太陽金字塔位於逝者大道中段東側，是古印第安人祭祀太陽神的地方。氣勢恢宏，塔高63米，是中美洲最大的建築之一。

墨西哥灣

特奧蒂瓦坎 尤卡坦半島

特奧蒂瓦坎文化 蒂卡爾 埃爾米拉

奧爾梅克文化 科潘

瑪雅文化

城市建築 特奧蒂瓦坎城內建築沿着城市中軸線——逝者大道分佈，主要建築有用沙石泥土建造的太陽金字塔、月亮神金字塔和羽蛇神廟，氣勢宏偉。

奧爾梅克文化 奧爾梅克文化分佈在墨西哥的韋拉克魯斯州和塔瓦斯科州，年代約在公元前1200～前400年，是古印第安文明萌芽時期的文化，被稱為「印第安文明之母」。

太

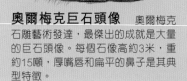

奧爾梅克巨石頭像 奧爾梅克石雕藝術發達，最傑出的成就是大量的巨石頭像。每個石像高約3米，重約15噸，厚嘴唇和扁平的鼻子是其典型特徵。

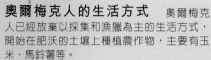

奧爾梅克人的生活方式 奧爾梅克人已經放棄以採集和漁獵為主的生活方式，開始在肥沃的土壤上種植農作物，主要有玉米、馬鈴薯等。

莫奇卡

莫奇卡陶器 莫奇卡人學會了製造彩繪陶器，以馬鐙壺為主，此外還有缽和淺碗。陶器上主要繪製了高級女祭司、統治者以及宗教儀式活動，形象生動。

平

奧爾梅克翡翠雕像 奧爾梅克人擅長用堅硬的翡翠玉石雕刻精美的人像、「虎人」（半人半虎）神像和碧玉珮飾，作為飾物佩戴。

洋

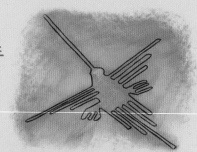

神祇崇拜 半人半美洲虎神是奧爾梅克人的最高神，此外還有羽蛇神、穀神、鳳鳥。他們相信生命來自於這些神祇，敬畏神祇可以得到神祇保佑。

納斯卡線條 納斯卡人在地面上繪製了各種神秘的巨型圖案，有研究認為這些圖案是用來劃分領地的。

蒂亞瓦納科文化 南美古代印第安文化，年代在5～10世紀。蒂亞瓦納科位於的的喀喀湖附近，有巨石修建的金字塔和神廟，城牆高大，城門用巨石雕刻而成。

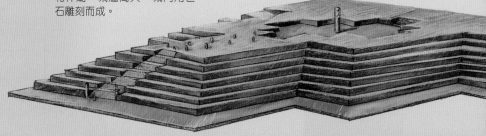

瑪雅文化 瑪雅文化是印第安文化的搖籃，大約形成於公元前2500年，3～9世紀為繁盛期，產生曆法和文字，發展農業和手工業，建造大型石碑和金字塔。15世紀衰落，留下了很多未解謎團。

美洲的早期居民(二)

公元前1000～公元1000年之間，在從墨西哥到南美洲西部的狹長地帶裏，誕生了許多發達的文明形態。墨西哥的特奧蒂瓦坎建造了太陽金字塔，中部的奧爾梅克人建造了金字塔祭祀台和大型石雕像。

加勒比海

人祭 在莫奇卡祭祀活動上，囚犯們會被用來充當祭品，而祭司則會飲用他們的鮮血。

大西洋

亞馬遜河

莫奇卡文化 位於秘魯北部莫奇卡和奇卡馬河谷，年代約為公元200～700年。建造了兩座供奉日神和月神的巨型神龕，以及六階金字塔和宏偉的王室墓葬。

莫奇卡古墓 古墓是在用磚砌成的金字塔的地下室發現的，裏面有用黃金打造的頭飾、珠寶和鍍金面具。

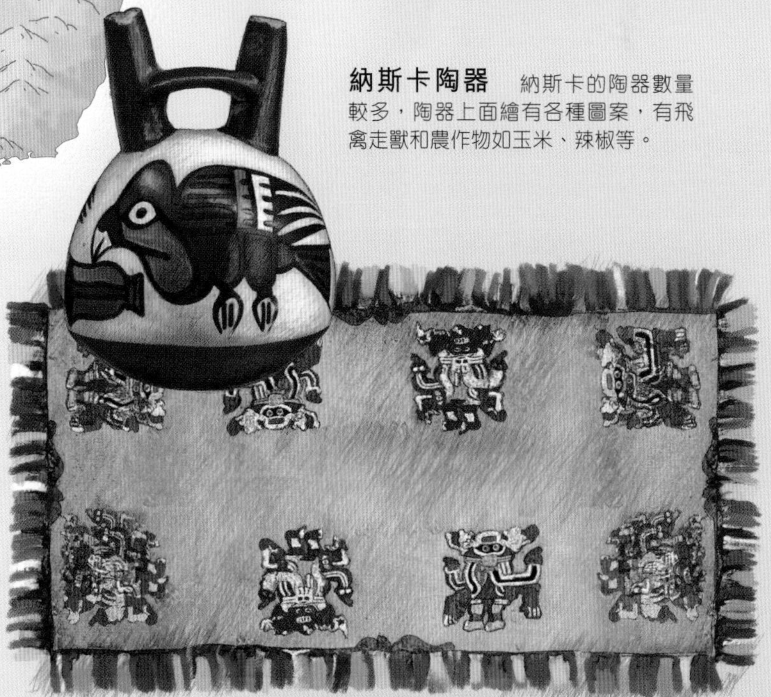

安第斯

納斯卡

的的喀喀湖

蒂亞瓦納科

瓦納科文化

納斯卡文化 南美古代印第安文化，因所在地位於納斯卡河谷而得名。分佈在秘魯南部沿海地區，年代在公元前200～公元600年。

納斯卡陶器 納斯卡的陶器數量較多，陶器上面繪有各種圖案，有飛禽走獸和農作物如玉米、辣椒等。

山脈

蒂亞瓦納科太陽門 蒂亞瓦納科太陽門是用整塊巨石雕刻而成。門楣雕刻了一隊帶翅小人奔向太陽神，正中間是太陽神浮雕。

納斯卡紡織品 納斯卡人紡織技術精湛，擅長用棉花和駝毛織造鮮豔耐用的紡織品，有刺繡、花毯、織錦、條紋布等。

神秘的瑪雅文明

瑪雅文明是中美洲最重要的文明。瑪雅人在數學和天文曆法方面造詣很高,修建了宏偉高大、神秘莫測的金字塔和神廟建築。瑪雅文明是美洲古代印第安文明的傑出代表。瑪雅文明留給了現代人很多有待破解的謎團。

墨　西　哥　灣

樹皮紙　瑪雅人已經學會造紙,將樹皮搗成紙漿,與樹膠混合,壓平曬乾做成紙,最後在紙上塗抹一層石灰,將石灰面擦拭平滑光亮,樹皮紙就造成了。

生產工具　瑪雅人使用的工具比較簡陋,以石器和木質工具為主,只是在後期才出現銅質工具,基本停留在新石器時代。

建築水平　瑪雅人的建築藝術達到較高水平,可以對石頭進行雕刻加工。他們的建築佈局嚴謹、規模宏偉。

■ 帕

祭司

奴隸

生產者

社會構成　瑪雅社會由三類人構成:祭司和貴族是統治者,掌管宗教禮儀;下層為農業生產者和工匠;最下層是奴隸,來自戰俘、罪犯和負債者,可以被自由買賣。

瑪雅曆法　瑪雅人創造的聖年曆把一年分為18個月,每月20天,另加5天作為禁忌日,全年365天,每4年加閏1天。其精度超過古希臘、古羅馬所用曆法。

太

地　圖　圖　例

瑪雅文明區

聖井 在尤卡坦的奇琴伊察附近，有一口直徑60米的「聖井」。瑪雅人經常把活人扔進井裏，以討好裏面的神靈。他們還往井裏扔寶石、黃金等珍貴物品。

瑪雅神廟 瑪雅人在金字塔頂部修建了恢宏壯麗的廟宇，用於舉行各種宗教儀式。在神廟建成時，瑪雅人會用活人祭祀神靈。

■奇琴伊察

■瑪雅潘

■烏斯馬爾

庫庫爾坎金字塔 庫庫爾坎金字塔底部呈正方形，塔身高30米，分9層，共365級台階。金字塔正面底部雕刻着羽蛇像，每逢春分和秋分，陽光投射在金字塔上，形成一條蛇的圖案。

尤卡坦半島

蛇
美洲虎
山
月亮

象形文字 瑪雅人創造了複雜的象形文字體系，由複雜的圖形構成，主要記載了日月星辰的運行、農耕漁獵和神祇的名稱。

博南帕克壁畫 瑪雅人在博南帕克留下了完整的壁畫，內容包括儀式、戰爭、凱旋及殺人祭祀的場面。畫中人物千姿百態、栩栩如生。

數學成就 瑪雅人的數學達到較高水平，已經使用「0」的概念，比歐洲人早800餘年。計數採用二十進位制計數法。

辛塔

博南帕克 河

■蒂卡爾

人祭 瑪雅人崇信神靈，把活人作為祭品獻給神靈，以換取神對他們的寬容與關照。

天文學成就 經過長期觀測天象，瑪雅人掌握了日食的周期和日、月、金星等天體的運動規律，並創造了太陽曆和聖年曆。

莫塔瓜 河

■基里瓜

■科潘

篤信宗教 瑪雅人篤信宗教，崇拜太陽、雨神、穀神、玉米神和戰神等，太陽是最高神。另外他們還崇拜祖先，相信靈魂不滅。

■科倫

洋

豐富的農作物 瑪雅人培育了玉米、番茄、甘薯、可可和煙草等新品種，其中玉米產量大，營養價值高，成為當今世界上許多地方的主要糧食。

琉球羣島

台灣島

北馬里亞納羣島

南海

菲律賓羣島

密 克 羅 尼 西 亞

加羅林羣島

馬紹爾羣島

吉爾伯特羣島

太

羽毛斗篷　波利尼西亞人
手工藝技術高超，他們把數以
千計的細小羽毛集合成簇，再
把成簇的羽毛有序編織成精緻
的羽毛斗篷。

婆羅洲

西里伯斯島

摩鹿加羣島

美 拉

新愛爾蘭島

尼

西

新幾內亞島
庫克沼澤地

新不列顛島

所羅門羣島

亞

班達海

32

阿拉弗拉海

帝汶島

帝汶海

珊瑚海

雕像　土著認為神靈創
造了人類和自然界。他們
將神靈的形象（如雷神）
等雕刻在部落區的山崖和
山洞中，進行祭拜。

新喀里多尼亞島

高腳屋　澳洲北部
地區潮濕，毒蛇猛獸橫
行。為了免遭野獸襲
擊，土著在高台上修建
木屋。

成丁禮　土著兒童需要通
過獻身儀式，即成丁禮，才
能從兒童跨入成年。

澳　洲

烏魯魯　意為「見面集會
的地方」，是土著的祭祀場
所。底部有一些洞穴，洞內
有土著的雕刻和繪畫。

諾福克島

克馬德亞

獵殺袋鼠　土著使用裝有
石刀的長矛和飛去來器（投出
去可以飛回的飛鏢）捕獵袋鼠
等動物，以獲取肉食。

生活方式　澳洲土著以採集果
實和打獵捕魚為生。他們一般在水
源地附近駐紮，等食物耗盡後再次
遷徙。

印度洋

北島

南島　新西蘭

塔斯曼尼亞島

啞語　為了捕獲動物，有的土著開
始使用複雜的啞語，以傳遞消息。在
啞語中，將拳頭握緊再鬆開，表示獵
物是袋鼠。

歌舞會　土著的故事和歌謠會口耳
相傳，成員們聚集在一起，通過歌舞
的形式，講述自己的故事和傳統。

夏威夷群島

夏威夷島

波

利

平

尼

萊

恩

群

島

尼

洋

西

亞

菲尼克斯群島

托克勞群島

薩摩亞群島

庫
克
群
島

社
會
群
島

土
阿
莫
土
群
島

馬
克
薩
斯
群
島

湯
加
群
島

塔希提島

皮特凱恩群島

與世隔絕的大洋洲

大洋洲的土著居民最早來自於東南亞。約4萬年前，他們泛舟到達此處，並在這裏繁衍生息。土著居民以採集果實和打獵捕魚為生。

大約5000年前，海平面上升，使得澳洲、新幾內亞、新西蘭、美拉尼西亞和波利尼西亞與世界上其他地區隔離開來，發展出了獨特的土著文化。

波利尼西亞物產豐富　波利尼西亞盛產椰子、薯類、芋頭和香蕉，土著還飼養雞、豬和狗，豐富的物產為土著提供了豐厚的食物。

神靈信仰　波利尼西亞人信奉神靈，但神的種類較複雜，土著人有嚴格的宗教儀式。

波利尼西亞酋長　波利尼西亞酋長居於最高的社會地位，是部族的最高執行者，酋長地位世代傳承。

33

毛利人　相傳毛利人的祖先從10世紀開始由波利尼西亞遷至紐西蘭，後來與當地土著通婚。他們使用毛利語，能歌善舞。

碰鼻禮　毛利人歡迎來客時，會與客人鼻尖碰鼻尖，相互碰三次，表示對客人的歡迎。

雙體獨木舟　波利尼西亞人將兩艘獨木舟併在一起，裝備有用棕櫚葉製成的船帆，可以充當島嶼之間的交通或遠洋探險工具。

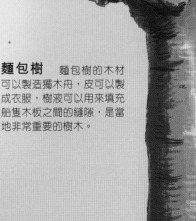

麵包樹　麵包樹的木材可以製造獨木舟，皮可以製成衣服，樹液可以用來填充船隻木板之間的縫隙，是當地非常重要的樹木。

毛利木雕　毛利人擅長木雕，最初木雕是用來刻寫記號記載歷史的，後來逐漸成為重要的民族文化和藝術。

薩頓胡頭盔 盎格魯－撒克遜人崇尚厚葬，死後墓葬中堆滿珠寶。在英國的薩頓胡出土了裝飾複雜、圖案豐富的頭盔。

大西洋

地圖圖例

—— 五世紀末的國界

盎格魯－撒克遜人 盎格魯人和撒克遜人是來自德意志北部的兩個部族。450年以後，他們跨越北海，遷往大不列顛島東部，並在此定居。

斯克特人

日耳曼人入侵 羅馬帝國不斷面臨來自北部「蠻族」——日耳曼人的入侵，國力衰落，財政匱乏，難以應付「蠻族」入侵。

波羅的海

不列顛

盎格魯人

北海

撒克遜人　■倫丁尼

易北河

奧得河

維斯瓦河

斯

西哥德人 西哥德人來自巴爾幹半島。5世紀初，他們遷居高盧（今法國）西南部，並征服了西班牙大部分地區。

■康布雷

法蘭克王國

萊茵河

塞納河

羅亞爾河

■斯特拉斯堡

倫巴底

蘇維匯王國

巴斯克人

■圖盧茲

勃艮第王國

■里昂

多瑙

■熱那亞

拉文納

■里斯本　塔古斯河　托萊多

西哥德王國

■馬賽

東哥德王國

瑞

■科爾多瓦

科西嘉島

■羅馬

汪達爾王國

薩丁尼亞島

■加普亞

巴利阿里群島

■丹吉爾

西西里島

狄奧多里克（約455～526年）　東哥德國王。493年，狄奧多里克征服了羅馬。他統治賢明，使意大利恢復了安定和繁榮，並多次擊退其他蠻族的進攻。

■迦太基

中海

汪達爾人 原先居住在今西班牙地區的汪達爾人被西哥德人驅趕，遷移至北非。439年建立了汪達爾王國。

■德爾納

汪達爾海盜 汪達爾王國建立後，汪達爾海盜經常活躍在地中海，搶奪羅馬商人的貨物，襲擊羅馬帝國其他地區。

後羅馬帝國時期

統治歐洲和北非長達500多年的羅馬帝國逐漸衰落。395年，羅馬帝國分裂為西羅馬帝國和東羅馬帝國，分別以羅馬和君士坦丁堡為首都。476年，西羅馬帝國滅亡。東羅馬帝國（又稱拜占廷帝國）則繼續統治了近1000年之久，直到1453年被奧斯曼土耳其軍隊滅亡。

內部分裂　羅馬帝國內部貴族化的元老院和平民化的軍隊之間矛盾激化，皇帝無力調和，導致帝國政局不穩，內部出現裂痕。

哥德王國　5世紀末，日耳曼人的一支——東哥德在西羅馬帝國本土亞平寧島建立了東哥德王國，554年被拜占廷帝國所滅。

基督教的傳播　羅馬帝國後期，基督教逐漸興起發展，教義也在進行調整，推崇羅馬皇帝。基督教逐漸為羅馬上層社會接受，後來成為羅馬國教。

薩珊波斯的威脅　從公元3世紀開始，羅馬帝國受到東方新興的波斯薩珊王朝（226～651年）的嚴重威脅，羅馬東部邊界經常受到騷擾。

《米蘭敕令》　313年，羅馬帝國皇帝君士坦丁一世和李錫尼頒佈《米蘭敕令》，宣佈承認基督教的合法地位。

伏爾加河

烏拉爾河

裏海

黑海

羅馬帝國

小亞細亞

薩珊波斯

幼發拉底河

底格里斯河

各部族

第聶伯河

阿蘭人河

頓河

君士坦丁堡

尼西亞

以弗所

安條克

敍利亞

大馬士革

耶路撒冷

巴勒斯坦

塞浦路斯島

亞歷山大港

埃及

尼羅河

阿拉伯

拜占廷帝國

東羅馬帝國首都在新羅馬（即君士坦丁堡），因此地舊稱「拜占廷」，故東羅馬帝國又稱「拜占廷帝國」。在查士丁尼一世統治期間，拜占廷帝國一度昌盛。帝國的文化和語言已經脫離羅馬，轉而受到希臘化的深刻影響。由於疆域遼闊，邊境線綿長，帝國經常受到周圍民族的襲擾。1453年，君士坦丁堡被奧斯曼土耳其人佔領，拜占廷帝國滅亡。

拜占廷詩歌 拜占廷詩歌以禮拜儀式的宗教詩歌為主，講求押韻，並發展出了兩重唱的音樂形式。拜占廷音樂則源自古希臘和古羅馬音樂。

北海

海

萊茵河

塞納河

羅亞爾河

易北河

奧得河

法蘭克王國

比斯開灣

倫巴底人

馬賽克鑲嵌畫 馬賽克是一種片狀彩色小瓷磚，通常被鑲嵌在木頭或牆面上，從而拼出圖案。馬賽克鑲嵌工藝起源於古希臘，在拜占廷帝國時期被廣泛運用於教堂裝潢。拜占廷馬賽克常加以金銀、琺瑯、象牙裝飾，鑲嵌珠寶，美輪美奐。

西哥德王國

塔古斯河

科西嘉島

羅馬

薩丁尼亞島

巴利阿里羣島

地

西西里島

太陽節 在拜占廷帝國，太陽被視為皇帝的象徵。每年12月25日，皇帝要頭戴象徵太陽的金光環，參加太陽節（光明節）的慶祝活動。

迦太基

中

進出口貿易 拜占廷帝國對外貿易發達，進口物資有絲綢、毛皮、糧食、香料、染料、象牙和其他奢侈品，出口物資有玻璃、高級絲織品、武器及葡萄酒等。

諾曼人征服意大利 1091年，駐紮在法國的諾曼騎兵部隊攻打並佔領了拜占廷帝國的意大利南部和西西里等地。拜占廷帝國勢力被排擠出意大利。

聖蘇菲亞大教堂 6世紀30年代，在查士丁尼一世的支持下，聖蘇菲亞大教堂在君士坦丁堡開始動工。建成後的教堂富麗堂皇，成為拜占廷宗教生活的中心。

蘇勒德斯 拜占廷帝國金幣。帝國經濟輻射能力強，其貨幣蘇勒德斯長期以來一直是歐洲和西亞地區的國際流通貨幣。

拜占廷帝國覆亡 1453年5月29日，奧斯曼土耳其蘇丹穆罕默德二世攻克君士坦丁堡，拜占廷皇帝君士坦丁十一世戰死，帝國滅亡。

法官專職化 查士丁尼一世推行司法改革，要求法官專職化，並將法官與立法者分開來，保證法官專業化，促進司法公正。

聖像破壞運動 8世紀，拜占廷帝國皇帝利奧三世下令全面禁止聖像，引發民眾強烈反對。後來伊琳女皇採取折中的方案，決定聖像可以被尊重但不可以被崇拜。

查士丁尼一世 (482～569年) 拜占廷帝國皇帝。在查士丁尼一世和名將貝利薩留的領導下，東羅馬帝國收回了意大利及北非的大部分地區，幾乎恢復了昔日羅馬帝國的光輝。

Ελληνας

主流文化 拜占廷帝國的主流文化是希臘文化，希臘語是官方語言，也是教會、文學和商業活動的通用語言。

霍諾里烏斯 (西羅馬)

阿卡迪烏斯 (東羅馬)

東羅馬帝國 395年，羅馬帝國遭到蠻族侵襲。為便於管轄龐大的帝國，狄奧多西一世在去世前將帝國一分為二，交付兩個兒子共同管理。帝國東部以君士坦丁堡為首都，稱為東羅馬帝國，即拜占廷帝國。

阿蘭人

《查士丁尼民法大全》 查士丁尼一世將羅馬自共和國時期以來頒佈的法令、決議，以及法學家的著作、學說，彙編為《查士丁尼民法大全》，標誌着羅馬法體系基本完善。

東正教 東正教意為東方的正統教會。在1054年基督教第一次分裂後，東正教會與羅馬教會正式劃清界限，自成一體。東正教會認為大主教間地位平等，不承認教皇權威，並且在教義及教儀上均與羅馬教會有很大分歧。

保加爾人

黑 海

第聶伯河

伏爾加河

烏拉爾河

裏 海

巴爾幹半島

君士坦丁堡 (拜占廷)

亞美尼亞

波 斯 王 朝

37

地圖圖例

查士丁尼即位時的拜占廷帝國 (527年)

查士丁尼征服地區

查士丁尼去世時的拜占廷帝國 (565年)

小亞細亞

突厥人佔領小亞細亞 1071年，拜占廷皇帝羅曼努斯四世被突厥蘇丹阿爾普·阿爾斯蘭打敗，失去了帝國士兵的主要來源地——小亞細亞省。

雅典

克里特島

塞浦路斯島

希臘火 作為一種可以在水上燃燒的混合燃料，希臘火在拜占廷帝國得到了廣泛運用。拜占廷軍隊在守城戰役和海戰中用希臘火多次擊退了圍攻君士坦丁堡的阿拉伯軍隊。

耶路撒冷

亞歷山大港

阿拉伯人的侵擾 彪悍的阿拉伯人經常襲擊拜占廷帝國，兩次圍攻君士坦丁堡，後來甚至佔領了帝國南部部分省份。

君士坦丁堡 330年，羅馬帝國皇帝君士坦丁一世遷都拜占廷，將其命名為「新羅馬」，後稱君士坦丁堡。羅馬帝國分裂後這裏成為東羅馬帝國都城。

阿 拉 伯

埃 及

紅 海

尼 羅 河

攻不破的城市 拜占廷帝國皇帝狄奧多西二世加固了君士坦丁堡的城牆，使這座城市牆高壘深，被稱為「野蠻人攻不破的城市」。

君士坦丁大帝

穆斯林統治埃及 7世紀中期，埃及被信奉伊斯蘭教的阿拉伯人控制，此後伊斯蘭教在埃及逐漸佔據主導地位。

地圖圖例

查理即位時的法蘭克王國（768年）

查理大帝的征服路線

814年查理帝國疆界

加洛林王朝 751年，查理·馬特之子、法蘭克王國宮相「矮子」丕平在羅馬教皇的支持下，廢掉墨洛溫王朝國王，自立為王，建加洛林王朝。

英格蘭統一 827年，大不列顛島的威塞克斯國王埃格伯特征服了島上其他六國，統一了英格蘭，結束了英格蘭七國並存的混亂時代。

38

「丕平獻土」 756年，法蘭克國王丕平為酬謝羅馬教皇對其取得王國統治權的支持，將羅馬城及周圍地區贈予教皇，史稱「丕平獻土」。

普瓦捷戰役 732年，法蘭克人在宮相（宮廷總管）查理·馬特的領導下，在普瓦捷打敗了強大的穆斯林軍隊，將其逐回西班牙。伊斯蘭教向西方傳播的勢頭被遏制。

穆斯林入侵歐洲 711年，北非的穆斯林攻入歐洲，征服了盤踞在西班牙的西哥德王國。

大

西

洋

英國議會召開 1265年，英國首屆議會在倫敦召開。每郡派兩名騎士代表，每個大城市派兩名市民代表參加議會，標誌着英國議會制開始。

《大憲章》 1215年，英國貴族在市民支持下發動起義，強迫英王約翰簽署《大憲章》，承認國王的權力受到貴族御前會議的制約。

愛爾蘭

不列顛

亞琛 8世紀末，查理大帝定都亞琛，並在亞琛建造了宏偉的宮殿和富麗堂皇的修道院。查理大帝在亞琛的宮殿內發號施令。

北 海

的

海

不來梅

萊茵河

易北河

奧

得

西斯拉河

布列塔尼

塞納河 巴黎

羅亞爾河

亞琛

法蘭克福

波希米亞

英法百年戰爭 1337～1453年，英法兩國斷斷續續進行了百餘年的戰爭，史稱「百年戰爭」。戰爭以法國勝利告終。

比斯開灣

普瓦捷

雷根斯堡

潘諾尼亞

波爾多

里昂

阿奎萊亞

威尼斯

克羅地亞人

圖盧茲

帕維亞

博洛尼亞

佛羅倫斯

阿爾

薩拉戈薩

巴塞隆拿

科西嘉島

羅馬

亞得里亞海

塔古斯河

倭馬亞王朝

巴利阿里羣島

薩丁尼亞島

第勒尼安海

水尼瓦多

地

西西里島

中

巴塞隆拿

「香檳集市」 12～13 世紀，法國的香檳地區出現了大規模集市貿易活動，又稱「香檳集市」。這是當時歐洲最大的國際性貿易市場，並開始使用期票、匯票等信用憑證。

神聖羅馬帝國 962年，德意志國王奧托一世在羅馬加冕稱帝，成為羅馬的監護人和羅馬基督教世界的最高統治者。1157年，帝國被稱為「神聖羅馬帝國」。1806年為拿破崙·波拿巴所滅。

哈布斯堡王朝 1273年，哈布斯堡家族的魯道夫一世被選為神聖羅馬帝國皇帝，哈布斯堡王朝統治開始並一直延續到第一次世界大戰結束。

歐洲雛形初現

公元8世紀，法蘭克人統治着今天的西歐大部分地區。8世紀中期，法蘭克王國宮相查理·馬特執掌大權，後來其子「矮子」丕平稱王，推翻墨洛溫王朝，建立加洛林王朝。800年，丕平之子、法蘭克國王查理控制西歐，並在羅馬加冕稱帝，建立查理帝國。843年，查理的三個孫子瓜分了帝國，逐漸演變為今日的法蘭西、德意志和意大利。與此同時，英國社會也在發生深刻變革。歐洲的雛形初現。

「羅馬人的皇帝」 800年，羅馬教皇把王冠戴在「矮子」丕平之子、法蘭克國王查理的頭上，稱他為「羅馬人的皇帝」。從此，查理國王變成了查理大帝，建立了控制西歐大部分地區的查理帝國。

發展教育 查理大帝本人目不識丁，但他向修道院投入巨資，鼓勵百姓讀書識字，努力發展教育，促進文化發展，史稱「加洛林文藝復興」。

支持傳教 查理大帝不僅自己崇信基督教，他還派傳教士前往德意志地區傳教，通過各種手段使當地人皈依基督教。

定期書市 1462年，德國法蘭克福出現一年一度的定期書市，成為當時歐洲書籍交易中心。

雕版印刷品 14世紀末期，德國紐倫堡出現歐洲最早的雕版印刷品，以宗教版畫為主，比中國晚了5個多世紀。

城市供水 12世紀，歐洲興起了很多新興城市，但供水設施不足，主要靠挖水井，用吊桶或簡易裝置抽水。水質不潔，導致各種流行病時常發生。

歐洲最早的大學 1088年，意大利博洛尼亞大學創立，成為歐洲最早建立的大學，被譽為「歐洲大學之母」，最初以法律和醫學著稱。

查理大帝

查理帝國分裂 843年，查理大帝的三個孫子簽署《凡爾登條約》，將查理帝國分為西法蘭克王國、中法蘭克王國和東法蘭克王國。條約奠定了近代法蘭西、意大利和德意志的雛形。

伏爾加河

頓河

烏拉爾河

裏海

第聶伯河

黑海

河

愛琴海

海

皇家鑄幣廠 8世紀末，查理大帝建立了皇家鑄幣廠，鑄造統一的歐洲貨幣，極大推動了歐洲經濟的發展和交流。

威尼斯共和國 意大利北部城市共和國，位於亞得里亞海北岸。687年建立，隸屬於拜占廷帝國。10世紀末獨立，成為富庶的商業共和國。1797年為拿破崙·波拿巴所滅。

尼羅河

東法蘭克王國

亞琛

凡爾登

西法蘭克王國

中法蘭克王國

「日耳曼人」路易

教皇國

「禿頭」查理

洛泰爾

羅馬

格陵蘭島 北歐海盜跨越了大西洋北部的廣闊水域，到達了格陵蘭島。他們馴養牛羊，同當地的因紐特人交換皮毛及其他物品。

定居冰島 從900年開始，北歐海盜揚帆穿越北冰洋，歷經嚴寒，到達冰島，並在此定居。

定居美洲 居住在格陵蘭島的挪威人被風吹離航線，到達美洲。1004年，他們在加拿大紐芬蘭定居，用木頭和泥土建造房屋，並建立了牧場。

諾曼征服 諾曼人不斷向外擴張領土。1066年10月14日，諾曼底公爵威廉於黑斯廷斯擊敗英軍，英王哈羅德陣亡。不久，威廉在倫敦加冕，成為英國國王。

海盜攻擊大不列顛 793年，北歐海盜攻擊了英格蘭東北部沿海的林迪斯法恩島，並洗劫了當地修道院。

海盜攻擊西歐 799年，挪威海盜襲擊法蘭克沿海。查理大帝被迫在沿海建立防禦工事，防備海盜襲擊。

諾曼人 「諾曼」意為北方人，他們的祖先是來自北歐地區的維京人。911年，西法蘭克國王查理三世與維京人簽署協議，允許他們在法國塞納河口和魯昂定居，後來這個地區被稱為諾曼底。

攻擊巴黎 885年11月，北歐海盜進攻巴黎。儘管奧多伯爵率領200名騎士進行了英勇抗擊，但巴黎最終淪為一片廢墟。

戰艦 北歐海盜製造的戰艦取材於高大筆直的橡樹，船體較輕，窄且靈活，耐風浪，吃水淺，速度快。船底平穩，船槳尖細，可以撞刺敵人。

船葬 北歐酋長死後，遺體和陪葬品一同放入船中，或者埋入土中，或者被點燃，以幫助死者踏上通往冥府之路。

40

北冰

北大西洋

冰島

法羅羣島

設得蘭羣島
奧克尼羣島
赫布里底羣島

去格陵蘭島

挪威人

斯堪的納維

丹麥

愛里什默雷
德里
雅羅
林迪斯法恩
北海
愛爾蘭
不列顛
都柏林
約克
科克
切斯特
威爾士
弗里西亞
漢堡
威塞克斯
溫徹斯特
多雷斯塔德
薩克森
奈梅亨
康托維克
圖林根
聖馬洛
盧萬 萊茵河
布列塔尼
聖洛
克萊蒙
塞納河
巴伐利
南特
巴黎
勒芒
士瓦本
努瓦爾穆捷
羅亞爾河
普瓦捷
法蘭克
（高盧）

聖地亞哥-德孔波斯特拉

希洪

尼姆
阿爾勒
盧納
納博訥
比薩

科爾多瓦酋長國

里斯本 塔古斯河

科西嘉島

阿爾加維

塞維爾

巴利阿里羣島

薩丁尼亞島

地中
西西

撒拉森人
突尼斯

地圖圖例

➤ 維京人的攻擊路線

■ 維京人的主要掠奪地

北歐海盜

北歐地處北極附近，生存環境惡劣。為尋求財富和土地，北歐人將目光投向了海外地區。他們屢屢乘船襲擾劫掠相對富庶的西歐和大不列顛島，甚至沿着大西洋深入地中海搶劫，成為臭名昭著的北歐海盜。北歐人還曾穿越大西洋和北冰洋，到遙遠的冰島、格陵蘭乃至北美搶佔殖民地。後來，隨着北歐民族逐漸皈依基督教，北歐海盜的劫掠行動終於在11世紀偃旗息鼓。

神符之石　北歐斯堪的納維亞人在石頭上雕刻圖案和北歐字母，用來讚頌神靈和銘記英雄。

食物來源　北歐海盜養殖家畜家禽，食用牛肉、奶酪和雞蛋，也吃捕獲的獵物，以及鱈魚、緋魚及鮭魚等魚類。

舊拉多加

諾夫哥羅德

波羅的

維斯瓦河

羅斯人　定居在東歐和瑞典的北歐海盜被稱為羅斯人，是現代俄羅斯人的祖先。

基輔羅斯

襲擊地中海　北歐海盜駕船從地中海經河流進入內地搶劫財物，襲擊城鎮。經第聶伯河，沿黑海，最遠到達君士坦丁堡。

基輔

第聶伯河

維京人　原意是「來自峽灣的人」。他們從事海外貿易和殖民擴張，對英格蘭海岸及歐洲大陸發起猛烈進攻，因此被描繪成殺人如麻的掠奪者。

伏爾加河

烏拉爾河

頓河

裏海

馬札爾人

多瑙河

瓦爾哈拉　北歐神話中的英靈殿。傳說只有在戰鬥中英勇犧牲的勇士才能在生育和命運女神瓦爾基麗的帶領下進入這裏，並得到奧丁神的歡迎。

黑海

北歐海盜的信仰　北歐海盜信奉各種神靈，主要有戰爭和智慧之神奧丁、農民和戰士的保護神，雷神索爾、富貴和生育之神弗雷。

君士坦丁堡

拜占廷帝國

雷神索爾神像　在北歐發現的這尊神像中，雷神索爾被塑造為頭戴頭盔，身披斗篷的武士形象。在北歐神話中，他能夠召喚雷鳴與閃電用於作戰。

底格里斯河

幼發拉底河

西西里王國　諾曼冒險家唐克雷的兒子佔領了意大利南部地區。12世紀初，唐克雷的孫子羅傑二世在意大利南部建立西西里王國。

克里特島

塞浦路斯島

地中海

木屋　北歐海盜居住在木屋裏，屋頂傾斜，用草皮或者稻草覆蓋，沒有窗戶。屋子中間設有爐火堆，用於取暖和做飯。這種房子沒有煙囪，而是通過在爐火上方的屋頂上開設小洞來解決問題。

地圖圖例

● 重要的主教區

風車磨坊 歐洲人修建了高大的風車磨坊，利用風力帶動風車旋轉，用來碾碎穀物，也用於金屬冶煉。

黑死病 中世紀後期，歐洲爆發了大規模的黑死病（鼠疫）疫情。黑死病通過鼠類和蚤類傳播，導致歐洲約2500萬人死亡，使農村和城市一片蕭條。

大
西
洋

北 海

沙特爾大教堂 現存最富麗堂皇的中世紀教堂之一，位於法國巴黎西南部沙特爾市，始建於12世紀，歷時25年修建完成。

巴黎大學 中世紀歐洲最大的大學。前身為12世紀由巴黎的教師和學生共同組成的社會性團體，1211年得到羅馬教皇的承認正式建立。教會控制大學事務，主要培養修士和教士。學生畢業後只接受教會法庭審判。

教皇 基督教最高領袖，同時也是羅馬大主教，直接控制着羅馬及周邊的大片領土。在教權昌盛時期，各國國王都要聽命於教皇。

禁慾主義 基督教會宣傳禁慾主義，把人的慾望看成是靈魂救贖的對立面，排斥性慾和婚姻生活，曾導致嚴重的社會問題。

羅馬 教皇駐地，基督教的統治中心。教皇依靠教會發達的行政體系向全歐洲發號施令。

教會控制司法 基督教會勢力強大，設有宗教法庭，干預世俗司法事務，甚至可以不通過國家司法機構而進行審訊和裁判。

托馬斯·阿奎那（1225～1274年）13世紀歐洲神學家、經院哲學家，中世紀神學政治法律思想集大成者。他認為神權至上，社會是上帝安排的組織，低級必須服從高級。

波
羅
的
海

特隆赫姆

卑爾根

圖爾

烏普薩拉

奧胡斯

隆德

漢堡

不來梅

馬格德堡

格涅茲諾

維斯瓦河

奧得河

易北河

萊茵河

美因茨

克拉科夫

雷根斯堡

布拉格

阿馬

約克

坎特伯雷

魯昂 巴黎

沙特爾 塞納河

蘭斯

圖爾

羅亞爾河

薩爾茨堡

格蘭

聖地亞哥－德孔波斯特拉

里昂

亞威農

羅馬

洛卡塞卡

薩洛

奧赫里德

里斯本 托萊多

塔古斯河

薩拉戈薩

巴倫西亞

地 中 海

教會統治下的歐洲

在歐洲歷史上，從5世紀西羅馬帝國滅亡到15世紀文藝復興運動開始，這段時期被稱為「中世紀」。中世紀的歐洲處於基督教控制之下。期間，教會教權與世俗王權相互利用，此消彼長，爭權奪利。教會不僅在政治和經濟方面控制着歐洲社會，還主導着歐洲的思想意識和文化教育。當時的知識分子主要是教會人士，而主流學術就是基督教神學。

修道院 歐洲的修道院不僅是宗教活動場所，也是封建采邑，有領地和佃農。修道院的周圍建有高牆，通常還擁有相當規模的藏書室。修士每日都要進行禮拜和學術研究，研究內容以神學和歷史為主。

基督教征服歐洲 基督教產生於巴勒斯坦地區，後來向西傳播，被定為羅馬帝國的國教。4～15世紀，基督教逐漸征服了整個歐洲，成為歐洲影響最大的宗教體系。

43

封建制 西歐的封建主將土地分封給貴族，貴族要對封建主宣誓效忠，並承擔軍事義務。如果貴族去世或不履行義務，封建主就有權收回土地。

騎士 受過軍事訓練的低階貴族。騎士在領主的土地上服役，同時擔負保護教會和婦女兒童的責任，不必參加農業勞動。

基督教分裂 基督教曾出現過兩次分裂。第一次發生在1054年，基督教分裂為東部「正教」（東正教）和西部「公教」（天主教）。第二次分裂是16世紀宗教改革時期，從羅馬天主教中分裂出了新教。

農奴制 莊園的農奴依附於領主，沒有人身自由，要在領主自營地進行無償勞動，還要承擔其他義務。領主為農奴提供農具、住所及必要的保護。

莊園 領主控制下的莊園，是一種特殊的政治經濟單位。領主把莊園土地分為兩類：一類出租給農奴維持生活；一類是領主的自營地，收入全歸領主。

教堂 修道院以及城鎮的核心建築。一些教堂會被教會主教選作駐所，這種高階教堂通常被稱作「大教堂」。神職人員在教堂裏禱告和佈道，普通信眾也可以在教堂內祈禱。

宗教異端 基督教會控制了社會，將持不同見解的人稱為異端，並成立異端裁判所，對他們施加殘酷審訊和懲罰，不承認有罪的會被處死。

朝拜 在中世紀的歐洲，無論富人還是窮人都會選擇騎馬或步行前往聖地朝拜，祈求贖罪或尋求治病方法。著名的聖地有：耶路撒冷、羅馬和英國的坎特伯雷等。

諾夫哥羅德 · 莫斯科 · 普斯科夫 · 斯摩棱斯克 · 基輔 · 赫爾松 · 君士坦丁堡 · 安條克 · 阿克 · 耶路撒冷 · 亞歷山大港

伏爾加河 烏拉爾河 第聶伯河 頓河 裏海 黑海 底格里斯河 幼發拉底河

奧斯曼

阿里

歐麥爾

伯克爾

四大哈里發 632年，穆罕默德逝世。他的事業先後由伯克爾、歐麥爾、奧斯曼、阿里繼承，稱「哈里發」，意為安拉使者的繼承人。四大哈里發推動了伊斯蘭教的傳播。

西斯拉夫人

基輔

君士坦丁堡淪陷 1453年，奧斯曼土耳其蘇丹穆罕默德二世攻陷君士坦丁堡，消滅拜占廷帝國，並在此定都，將其更名為伊斯坦堡。

易北河

奧得河

維斯瓦河

法蘭克王國

萊茵河

塞納河

羅亞爾河

普瓦捷

威尼斯

熱那亞

多瑙河

君士坦丁堡（拜占廷）

托萊多

巴塞隆拿

科西嘉島

薩丁尼亞島

巴里

拜占廷帝國

科爾多瓦

巴利阿里羣島

地

西西里島

中

進攻西哥德王國 711年，阿拉伯軍隊渡過直布羅陀海峽，進攻西班牙的西哥德王國，佔領比利牛斯半島大部分地區。伊斯蘭教傳入西南歐。

非斯

迦太基

凱魯萬

克里特島

海

柏柏爾人

的黎波里

貝達

亞歷山大

開羅 開羅的前身是阿拉伯人於7世紀建立的弗斯塔特城。969年，穆斯林法蒂瑪王朝佔領該城後在其北部修建了名為「曼蘇里耶」的新城，並於973年遷都於此，改名為開羅，阿拉伯語意為「勝利」。隨後開羅逐漸成為阿拉伯世界的重要城市。

利比亞

強大的伊斯蘭世界

610年，阿拉伯先知穆罕默德接受天啟，創立伊斯蘭教。信奉伊斯蘭教的信徒稱為穆斯林，遵循《古蘭經》的基本教義。穆罕默德逝世後，伊斯蘭教迅速遍及阿拉伯半島。此後，穆斯林勢力不斷壯大，橫掃亞洲和北非，建立了政教合一的龐大帝國。時至今日，伊斯蘭教已經成為與佛教、基督教並列的世界三大宗教之一。

佔領耶路撒冷 耶路撒冷是伊斯蘭教繼麥加和麥地那之後的第三大聖城。638年，阿拉伯軍隊攻佔耶路撒冷，並建造了金頂清真寺。

45

地圖圖例

穆罕默德時的帝國(632年)

750年阿拉伯帝國的疆界

怛羅斯之戰 751年7月，唐朝軍隊與阿拉伯軍隊在怛羅斯（今哈薩克斯坦江布爾城）爆發了衝突，阿拉伯軍隊獲勝，伊斯蘭教勢力開始控制中亞地區。

伊斯蘭教傳入中國 7世紀中期，阿拉伯、波斯和中亞的穆斯林商人及學者，通過海上和路上「絲綢之路」將伊斯蘭教傳入了中國。

卡爾巴拉之戰 680年，伊斯蘭教內部爆發衝突，穆罕默德的外孫侯賽因反對倭馬亞王朝實行哈里發世襲制，在前往庫法就任哈里發的途中，在卡爾巴拉被倭馬亞王朝派兵殺害。

「聖遷」 為了躲避迫害，622年，穆罕默德率領麥加穆斯林遷往麥地那，標誌着伊斯蘭教進入新的發展階段。該年被定為伊斯蘭教元年。

《麥地那憲章》 穆罕默德在麥地那制定了《麥地那憲章》，使穆斯林和猶太人在宗教信仰自由的基礎上實現了和平共處。

統一阿拉伯 631年前後，阿拉伯半島各部落相繼皈依伊斯蘭教，承認穆罕默德的領袖地位。伊斯蘭教基本上統一了阿拉伯半島。

伊斯蘭教創立 610年，穆罕默德在麥加希拉山洞潛修，宣稱受到安拉啟示，創立伊斯蘭教。伊斯蘭教認為安拉是宇宙的唯一主宰，要求人們只信奉安拉。

聖城麥加 630年，穆罕默德率軍進逼麥加，搗毀「克爾白」（也稱「天房」）全部偶像，只信奉真主安拉。從此，麥加成為伊斯蘭教的聖地。

《侯代比亞和約》 628年，穆罕默德以朝覲為由，率軍到達麥加城郊，同麥加貴族簽訂了《侯代比亞和約》，雙方約定休戰10年。

巴爾喀什湖

錫爾河

怛羅斯

中國（唐）

蔥嶺

佩切涅格人

鹹海

撒馬爾罕

布哈拉

花剌子模

阿姆河

喀布爾

裏海

木鹿城

印度信德河

哈札爾汗國

印度

赫拉特

呼羅珊

特拉布宗

亞美尼亞

錫斯坦

哈馬丹

馬克蘭

摩蘇爾

底格里斯河

尼哈溫

波斯波利斯

阿勒頗

伊拉克

幼發拉底河

法爾斯

安條克

敘利亞

巴格達

泰西封

斯島

大馬士革

卡爾巴拉

庫法

雅姆克

巴士拉

耶路撒冷

波斯灣

阿拉伯海

塔特

羅

阿曼

麥地那（雅特里布）

阿拉伯

漢志

河

麥加

紅海

哈達拉毛

薩那

也門

穆哈

宗教的衝突：
十字軍東征

1071年，塞爾柱突厥人在曼齊克特擊敗了拜占廷軍隊，奪取了拜占廷帝國的小亞細亞省。拜占廷皇帝無力奪回失地，向羅馬天主教教皇求援。在教皇的推動下，西歐的封建領主和騎士對地中海東岸的伊斯蘭國家發動了宗教戰爭。

這場戰爭先後持續了200餘年。參加東征的天主教徒，教會授予他們一個十字架，組成的軍隊稱為十字軍。十字軍東征的步伐時常伴隨着嚴重的暴行，但同時也使西歐人接觸到了當時較為先進的拜占廷文明和伊斯蘭文明，推動了西歐文明的發展。

先進技術傳入西歐 在十字軍東征過程中，阿拉伯數字、代數學、航海羅盤、火藥和紙，都被十字軍帶回西歐，推動了歐洲資本主義的發展。

第一次東征 1096年，10萬西歐人參加東掠，攻城掠地，無堅不摧。1099年，十字軍佔領耶路撒冷，大肆屠戮，殺害大量平民。

兩教聖地 基督教認為，巴勒斯坦是耶穌誕生與升天的地方，他的墳墓就位於此地。伊斯蘭教認為，穆罕默德曾在耶路撒冷升天，耶路撒冷是穆斯林的聖城。

耶路撒冷被穆斯林佔據 塞爾柱突厥人是信奉伊斯蘭教的穆斯林。公元7世紀，他們佔領了聖城耶路撒冷。

尋求財富 11世紀末，西歐社會經濟有了長足發展，手工業與農業分離，城市崛起，原有的金銀財富已不能滿足封建主的慾望，他們渴望向外攫取土地和財富。

「光蛋騎士」 西歐實行長子繼承制。長子以外的貴族騎士不能繼承遺產，成為徒有虛名的「光蛋騎士」。他們往往靠打仗和劫掠為生。

「世界教會」 羅馬天主教會企圖征服地中海東岸國家，確立教皇的至高權威，建立起一個世界範圍內的「世界教會」。

連續災荒 當時歐洲遭遇連年災荒。11世紀，法國爆發26次災荒，西歐連續7年發生大饑荒，農民無法謀生，積極參加十字軍東征。

蘇格蘭王國

北海

丹麥

英格蘭王國

倫敦

布魯日

萊茵河

德意志王

魯昂

布雍

美因茨

塞納河

巴黎

雷根斯堡

比斯開灣

羅亞爾河

維希

里昂

法蘭西王國

圖盧茲

勃艮第王國

米蘭

萊昂王國

納瓦拉王國

威尼斯

熱那亞

葡萄牙王國

塔古斯河

卡斯蒂利亞王國

阿拉貢王國

科西嘉島

羅馬

科爾多瓦

巴利阿里羣島

薩丁尼亞島

第勒尼安

地

西

地圖圖例：

→ 十字軍第一次東征路線
── 十字軍在地中海東岸建立的國家

武器裝備 十字軍武器裝備不統一，騎士身裹甲胄，裝備了劍和重標槍。一些騎士還裝備錘矛或斧子。大部分農民和市民裝備的是簡單的斧和長矛。

波羅的海

普魯士人

維斯瓦河

波蘭王國

羅斯各公國

第聶伯河

伏爾加河

烏拉爾河

教皇烏爾班二世 1095年，烏爾班二世在法國發表了激昂的演説，歷數突厥人的「暴行」，號召人們奪回主的墳墓，並承諾凡是參加遠征的人都可以赦免罪過。

東征導火線 當時中近東地區混亂不堪，拜占廷皇帝向羅馬教皇求援，以拯救基督教。此舉正中教皇下懷，不久，教皇遂以收復聖地為口號，發動十字軍東征。

頓河

攻佔君士坦丁堡 1202年，教皇英諾森三世發動第四次東征。1204年，十字軍趁佔拜占廷帝國國內混亂，攻佔君士坦丁堡，並在此搶劫屠城，隨後扶植起短命的拉丁帝國。拜占廷帝國自此一蹶不振。

拉丁帝國 在第四次東征中，十字軍以君士坦丁堡為中心建立了拉丁帝國，成為西歐人重要的商業和軍事據點。1261年拉丁帝國滅亡。

裏海

兒童十字軍 在教皇的推動下，3萬名兒童組成了兒童十字軍，向耶路撒冷進發。這些兒童要麼葬身大海，要麼病死途中，要麼被販賣到埃及。

匈牙利公國

多瑙

布達格勒布

貝爾格萊德

塞爾維亞王國

拉什卡

奧赫里德

里亞海

塔蘭托

瓦拉幾亞人河

保加利亞

亞得里亞堡

君士坦丁堡

尼西亞

黑海

愛琴海

克里特島

科尼亞蘇丹國

科尼亞

安條克

埃德薩

埃德薩伯國

安條克公國

的黎波里

的黎波里伯國

塞浦路斯島

阿克

耶路撒冷王國

耶路撒冷

第九次東征 1271年，英格蘭愛德華王子領導第九次十字軍東征，但他無功而返，返回英格蘭繼承王位。第九次東征以失敗告終。

中海

開羅之戰 1221年，參加第五次東征的十字軍與埃及穆斯林軍隊在開羅對峙。穆斯林軍隊利用尼羅河洪水切斷十字軍退路，並迫使其議和。

尼羅河

開羅

路易九世被俘 1248年，法王路易九世發動第七次東征，但他率領的十字軍被穆斯林擊敗，路易九世被俘。直到1254年，他才被釋放回國。

阿爾摩拉維德王朝 11世紀初，柏柏爾人佔據了北非的摩洛哥和阿爾及利亞並建立阿爾摩拉維德王朝，定都馬拉喀什。1086年開始，他們奪取了西班牙南部的大部分地區。

駱駝商隊 鼎盛時期的馬里王國與地中海各國保持密切的商業貿易。駱駝是北非貿易運輸的主要交通工具，因此有大批運送商品的駱駝商隊往來於馬里王國和地中海沿岸地區。

曼薩·穆薩（？～1337年） 馬里帝國第九代國王。執政時期（1312～1337年），是馬里帝國的鼎盛時期。曼薩·穆薩崇信伊斯蘭教，曾於1324年親自前往麥加朝聖。

奴隸貿易 1441年，葡萄牙殖民者從非洲劫掠10名黑人，帶回里斯本出售，歐洲人開始在非洲從事奴隸貿易。

廷巴克圖 坐落在尼日爾河畔，是當時商品貿易的中轉站，各國伊斯蘭學者雲集此地，講經布道。15～16世紀非洲著名的伊斯蘭學術研究中心。

傑內 13世紀，隨着黃金貿易的興起，位於尼日爾河谷的內陸三角洲的城市傑內得到迅速發展。同時，伊斯蘭教廣泛傳播，眾多伊斯蘭建築得以興建，其中最著名的是傑內清真寺。

伊費 位於尼日利亞西南部，黃金產量豐富。土著人約魯巴人擅長製作精美的青銅器和赤土陶器。

津巴布韋鳥 津巴布韋一個部族崇拜的圖騰，雕刻在石柱頂端。身如鷹，頭如鴿子，脖子高昂，是大津巴布韋遺址中最寶貴的文物。

羅馬
地 中
突尼斯
特萊姆森
非斯
的黎波里
馬拉喀什
阿爾摩拉維德王朝
阿爾摩哈德王朝
加那利群島
撒 哈 拉 沙 漠
阿爾吉姆
廷巴克圖
比爾馬
泰克魯爾
加納王國
松加依王國
卡內姆
加奧
尼
博爾努
傑內
日
乍得湖
瓦代
馬里王國
莫西諸國
爾
豪薩諸邦
河
阿坎
奧約
剛
伊費
貝寧
埃爾米納
果
大
河
剛
果
國
西
隆達
洋

48

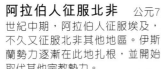

阿拉伯人征服北非 公元7世紀中期，阿拉伯人征服埃及，不久又征服北非其他地區。伊斯蘭勢力逐漸在此地扎根，並開始取代其他宗教勢力。

穩定富庶的非洲

　　隨着穆斯林勢力的擴張，北非開始受到伊斯蘭教的衝擊。在北部和東部沿海地區，穆斯林商人陸續建立了許多商業城市。北非由於地理位置優越，交通便利，物產資源豐富，與中亞和西歐的貿易往來日益密切。15世紀後期，隨着以西班牙和葡萄牙為首的西方殖民者積極探索新的貿易航道，非洲西海岸逐漸暴露在殖民者面前。非洲被發現的歷史，同時也是逐步遭受殖民侵略的歷史。

亞歷山大港
開羅
托勒瑪王朝
法蒂瑪王朝
馬木留克王朝
尼羅河
努比亞
紅海
麥加
阿拉伯

阿杜利斯
阿克蘇姆國
埃塞俄比亞國
亞丁灣
澤拉

僧祇城邦 僧祇在波斯語中意為「黑人」。公元1000年前後，波斯人在非洲東部沿海建立一系列居民點。15世紀發展到高峰，同阿拉伯和中國開展國際貿易。15世紀以後，被葡萄牙人侵者破壞。

49

摩加迪沙

阿克蘇姆 阿克蘇姆是東非高原上的歷史名城，位於今埃塞俄比亞東北部。公元4～6世紀，阿克蘇姆是古代非洲的政治、經濟中心，建有眾多高聳的花崗岩方尖石塔和巨大的石柱。

基斯馬尤
印度洋
馬林迪
蒙巴薩
奔巴島
桑給巴爾島

基爾瓦

岩石教堂 12世紀，信奉基督教的埃塞俄比亞國王下令在北部岩石高原上開鑿出岩石教堂。教堂建築宏大，精雕細琢，是基督教文明在埃塞俄比亞繁榮的歷史見證。

科摩羅群島
莫桑比克
西河
馬達加斯加

與明朝的貿易 明朝初年，鄭和多次率船隊到達非洲東海岸和紅海。非洲的象牙、香料等商品也在此時輸入中國。

莫諾莫塔帕國
大津巴布韋
索法拉

牛 牛是非洲南部各民族的重要財富，成為各部族爭奪的重要目標，彼此經常爆發衝突。

大津巴布韋 意為「石頭城」，位於今津巴布韋維多利亞堡東南方，是當地規模最大、保存最完整的一組石頭建築羣，設計複雜，技術精湛，貴族居住在其中。

中世紀的印度

中世紀的印度邦國林立，混戰不休，王朝更迭頻繁。自從穆斯林軍隊進入印度以來，伊斯蘭教勢力日盛，排擠印度本土宗教，印度教和佛教日益萎縮。此後，穆斯林和印度教徒在印度展開了長期爭奪，穆斯林勢力逐漸控制了北方地區。

赫拉特

伽色
（加茲

■ 坎大哈

朱羅王朝　9～10世紀繼帕拉瓦王朝之後南印度最大的印度教王朝。朱羅王朝以坦賈武爾為首都，國家繁榮富足。

穆斯林進入印度　8世紀，阿拉伯軍隊從西北部南下攻入印度，征服了信德和旁遮普地區，伊斯蘭教開始在印度扎根。

信德

庫特卜－烏德－丁自封蘇丹　13世紀初，庫特卜－烏德－丁在德里被貴族擁立為第一任蘇丹，開始了伊斯蘭政權德里蘇丹國（1206～1526年）在印度的統治。

帖木兒毀滅德里　1398年，來自中亞的突厥化蒙古人領袖帖木兒率軍攻入印度圖格魯克王朝首都德里，屠殺大量戰俘，並幾乎毀滅德里。

阿 拉 伯 海

鄭和到達古里　鄭和率船隊下西洋時，曾多次到達古里，帶去絲綢和瓷器，同當地人進行貿易。鄭和在最後一次下西洋時，於古里國去世。

朱羅稱霸印度洋　朱羅王朝國力強大，盛極一時，11世紀時稱霸印度洋，並一度佔領馬來半島、蘇門答臘東部和南緬甸。

古里向明朝朝貢　15世紀初，古里（位於今印度西南部）國王派遣使臣來到中國，向明朝進貢寶石、珊瑚珠、胡椒、木香等。

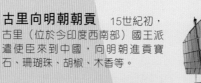

印

沙瓦

錫亞爾科特

河

納

布

奇

拉合爾

木爾坦

德里

阿格拉 卡瑙季

昌

爾

巴

河

坎普爾

朱

木

拿

河

巴特那

恒

河

那爛陀寺 孟加拉

中 國

（元）

那爛陀寺 那爛陀寺規模宏大，是古代印度佛教學術中心。12世紀，那爛陀寺在突厥穆斯林人侵者的猛攻下失守。約在1205年，被巴赫蒂亞爾·哈爾吉摧毀並放火焚燒。

51

塔萊戰役 1192年，穆罕默德·古爾在第二次塔萊戰役中打敗拉其普特首領喬漢，佔領了德里。此後，乘勝進軍，確立了對印度北部的統治。

貝拿勒斯

印 度

賈巴爾普爾

古吉拉特

訥爾默達 河

蘇拉特

那格浦爾

道拉塔巴德

戈達瓦里河

孟買

德干高原

曼尼亞吉塔

克里希納河

布巴內什瓦爾

緬 國

布巴內什瓦爾濕婆神廟 11世紀，朱羅王朝在印度東部布巴內什瓦爾修建濕婆神廟，以傳播印度教。

孟 加 拉 灣

道拉塔巴德 14世紀初期，印度穆斯林開始在今天印度中西部的馬哈拉施特拉邦營建名為「道拉塔巴德」的城市。道拉塔巴德城牆高大，堡壘堅固，成為印度穆斯林的中心。

坎奇

高韋里河

古里（卡利卡特）

坦賈武爾

納加帕蒂南

鄭和碑亭 鄭和在第二次下西洋時，在古里國修建一座碑亭，以紀念這次遠航。

度 洋

地圖圖例

→ 古爾人入侵路線

1206年的德里蘇丹國

朱羅控制的最大範圍

14世紀末帖木兒帝國征服地區

唐宋盛世

581年，楊堅建立隋朝。589年，統一全國。618年，李淵建立唐朝，開創了初唐盛世。唐朝政治開明，經濟繁榮，國力強大，文化昌盛。唐朝滅亡後，中國陷入五代十國的分裂局面。960年，趙匡胤發動兵變，建立宋朝，重新統一大江南北。

科舉考試 隋唐改革選拔官員的制度，實行分科考試。這樣有才能但出身低微的人也可以通過考試成為官員，從而為國家選拔了人才。

火藥用於軍事 唐朝末年，唐軍在同波斯人的戰鬥中開始使用火器。後來，火箭、火炮相繼應用於軍事。

北宋霹靂炮 北宋末年製成了威力巨大的火器，用來攻城和守城。1126年，李綱守開封時曾用霹靂炮擊退金兵的進攻。

黑海

君士坦丁堡

裏海

夷播海

怛羅斯　碎葉

天山

蔥嶺　疏勒

于闐

亞歷山大港

幼發拉底河

底格里斯河

波斯

大食

曲女城

那爛

天竺

岳陽樓 三國時期吳國魯肅修建的閱兵台。唐代重建樓閣，定名為岳陽樓，位於今湖南省岳陽市。1044年，范仲淹寫下膾炙人口的《岳陽樓記》。

玄奘出訪印度 629～645年，中國唐朝高僧玄奘歷盡千辛萬苦，到達天竺學習佛教。回國時，從天竺帶回大量佛經。他將佛經翻譯成漢語，推動了佛教傳播，著有《大唐西域記》。

地圖圖例

——	中國唐中期(768年)疆域
未定	今中國界
——	陸路交通線
----	海路交通線

印

長安 隋唐都城。由外郭城、宮城、皇城三部分構成，總面積80多平方公里。唐都長安人口達到百萬，是當時規模最大、最繁華的國際都市。

陳橋兵變 960年，後周大將趙匡胤在河南陳橋驛發動兵變，黃袍加身，取代後周，建立北宋，定都汴梁（今開封）。

茶葉貿易發達 唐朝茶葉貿易迅速發展。每到茶葉收穫季節，商人攜帶絲織品和貨幣入山同茶農交易，將茶葉販運到少數民族地區和國外。

唐朝的對外交通 唐朝的強盛和開放保障了對外交通線路的暢通。陸上交通線路遠達波斯、大食和拜占廷；海路交通則連接了波斯灣、東南亞，以及新羅和日本。

隋朝大運河 隋煬帝舉全國之力開鑿大運河，規模宏大，北起涿郡（今北京），南到餘杭（今杭州），連接南北五大水系，成為重要的經濟大動脈。

53

秘色瓷 也稱秘瓷。1987年，陝西扶風縣法門寺唐代地宮中出土的秘色瓷，釉面清澈碧綠，晶瑩圓潤，質地細膩，是中國唐五代越窯燒製的精品瓷器。

鑑真（688～763年） 唐朝高僧鑑真不避艱險，東渡日本，傳授佛學理論，傳播唐朝文化，促進了中日文化交流。

筒車 一種利用水力衝擊木製水輪，帶動水輪上的竹筒或木筒，從河中取水灌溉的工具。

景德鎮 中國古代著名瓷都，原名昌南鎮，北宋時改名為景德鎮。「景德」是宋真宗的年號。

雕版印刷術 868年印製的《金剛經》卷子是現存最早的標有年代的雕版印刷品。印刷工人要在木板上反雕出印刷內容，然後批量印刷。

焚毀莫斯科 1237年底，蒙古大軍趁冬季進攻俄國。1238年初，先後攻佔了莫斯科、弗拉基米爾等城市，大肆搶掠後繼續西進。

進攻伏爾加河 1219年，蒙古西征中亞花剌子模，一直進到東歐的伏爾加河流域，在當大肆劫掠之後折回。

歐洲人不敵蒙古軍 1241年，蒙古軍進攻匈牙利和波蘭，大敗歐洲各國軍隊，沿途燒殺搶掠，後來因窩闊台去世而返回。

馬背上的民族 蒙古勇士異常彪悍，善騎射，使用殺傷力很大的複合式弓箭，金屬頭可以穿透盔甲，具有很強的戰鬥力。

波羅的海

波蘭

莫斯科　弗拉基米爾

伏爾加河

巴什基爾人

布拉格

基輔

克拉科夫

波洛伏齊人

欽察汗國

布達

匈牙利

多瑙河

薩萊

蘇達克

黑海

鹹海

甕的

玉龍傑赤

訛答剌

第比利斯

花剌子模 (1220年滅)

布哈拉

撒馬爾罕

鐵門

大不里士

底格里斯河

伊利汗國

你沙不兒

西

(121

地中海

幼發拉底河

大馬士革

阿音札魯特

巴格達

白沙瓦

坎大哈

木

開羅

印度河

《馬可·勃羅行紀》 馬可·勃羅是意大利旅行家和商人，在中國生活了17年。回國後寫下了《馬可·勃羅行紀》，記錄了在中國的見聞。

阿音札魯特之戰 1260年，埃及蘇丹率馬木留克騎兵在阿音札魯特平原（位於今巴勒斯坦地區）擊敗蒙古騎兵，阻止了蒙古軍隊繼續向西進攻的勢頭。

馬木留克

尼羅河

紅海

波斯灣

阿拉伯

阿拉伯海

重視農業 忽必烈設立勸農司，派勸農使到各地整頓農桑。此外，他還重視興修水利、推廣棉花種植，促進農業生產發展。

蒙古的壯大

1206年，蒙古貴族在斡難河源召開大會，推舉鐵木真為大汗，尊稱他為「成吉思汗」，建立蒙古汗國。此後，在成吉思汗的率領下，蒙古鐵騎踏遍中國和中亞大部分地區，後來甚至到達歐洲，建立了橫跨歐亞、當時世界上最廣大的帝國。然而，第二任大汗窩闊台死後，蒙古陷入分裂，控制的區域不斷縮小。14世紀中後期，被明朝趕出中原，主要控制大漠地區。

蒙古人　色目人　漢人　南人

「民分四等」 元朝為維護蒙古貴族的特權，採用「民分四等」的政策，把全國人分為四等：蒙古人、色目人、漢人和南人。不同等級享有不同權利。

海都之亂 1268年，窩闊台汗國的首領海都（1235～1301年）為奪取蒙古大汗之位，聯合欽察汗國與察合台汗國反對元朝，史稱海都之亂。1301年，海都兵敗身亡。

遊牧生活 早期蒙古部落經濟落後後，有的在森林裏從事狩獵，有的在草原上從事遊牧，只有少數部落經營農業。後來，他們從中原地區獲得了鐵器。

和林 成吉思汗建立蒙古汗國時，沒有固定的首都。1235年，繼任大汗窩闊台定都蒙古高原的和林（今蒙古國哈拉和林）。

高麗蒙古戰爭 1231～1273年，蒙古和元朝先後九次討伐高麗，史稱高麗蒙古戰爭。1258年，高麗成為元朝附屬國。

藏傳佛教興起 忽必烈重視佛教，尤其是藏傳佛教。薩迦派法師八思巴被奉為國師，統制天下佛教，並管理吐蕃事務。

進攻日本 元世祖勸降日本未果，先後於1274年、1281年派艦隊進攻日本，兩次都因遭遇颱風而宣告失敗。

蒙越戰爭 13世紀中後期，蒙古和元朝曾多次進攻安南（今越南），雙方互有勝負，後來安南請和，遣使入貢，成為元朝的附屬國。

滅亡南宋 1279年，蒙元軍在崖山消滅了南宋最後的抵抗勢力，陸秀夫背着年幼的皇帝趙昺投海殉國，南宋滅亡，元朝統一中國。

□道婆（約1245～？年） 元代棉紡織技術革新家。從海南黎人民那裏學會先進的棉紡織技術，將其帶回家鄉，使松江地區成為棉紡織業中心。從此棉布取代絲麻成為民眾的主要衣料。

泉州 元朝與外國保持密切聯繫，泉州港成為當時最大的對外貿易港口，有140多個國家和地區的使節和商人從泉州登陸，開展貿易活動。

大澤

難幹河

金朝（1234年滅）

西夏（1227年滅）

寧夏

大同

大都

遼陽

西京

高麗

日本

元朝

黃河

益都

開封

長安

成都

長江

杭州

東海

失哈耳

台汗國

吐蕃

泥婆羅

恆河

印度

大理

南宋（1279年滅）

泉州

廣州

琉球

孟加拉灣

暹羅

占城

真臘

佛誓

大越

南海

室利佛逝

滿者伯夷

地圖圖例

1206年以前鐵木真早期活動地區

成吉思汗及其大將的進軍路線

西遼（1218年滅） 蒙古滅亡的國家及時間

55

中世紀的日本

公元4世紀前後，在日本關西地方出現了較大的國家，統治範圍包括本州西部、九州北部和四國地區。日本與中國的關係非常密切，貿易往來頻繁，並從中國輸入文化和宗教。

518年，強勢的藤原家族奪取日本實際權力，天皇有名無實。此後，圍繞最高統治權力的問題，日本各派軍閥和武士集團展開了長期的爭奪。

「神風」 蒙古軍隊曾兩次進攻日本，但都因為遭遇颱風而失敗，日本人認為得到天神保佑，稱這兩次颱風為「神風」。

白鷺城 白鷺城位於姬路，14世紀開始建造。經過不斷營建，已經成為龐大的石頭城堡。白鷺城設計巧妙，結構堅固，具有藝術和軍事雙重功效，被稱為「日本第一名城」。

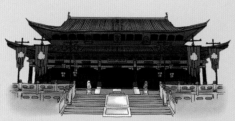

「大化革新」 公元645年，孝德天皇仿效隋唐制度，開始進行政治革新，着手建立一套以天皇為核心的中央集權國家體制，因此年為「大化元年」，故史稱「大化革新」。

幕府 「幕府」一詞出自古漢語，指出征時將軍的府署，後傳至日本並逐漸被用來指代以將軍為首的中央政權。12世紀末開始，天皇大權旁落，實權操縱於有實力的武士首領之手，史稱「幕府時代」。

日 本 海

平氏覆滅 12世紀，日本形成了平氏和源氏兩大對立集團。1185年，平氏在壇之浦戰役中被源氏擊敗，源氏掌握國家實權，首次建立幕府統治。

京都　平城京
唐招提寺

遣隋使、遣唐使 為了學習較為先進的中國文化，7世紀初到9世紀末，日本先後派出了大量遣隋使和遣唐使來到中國。他們學習隋唐文化，並將其應用於日本國內。

 遣唐使路線

對外貿易 日本與中國一直保持密切聯繫，經貿和文化往來非常頻繁。在派遣遣唐使的同時，還會有眾多商人隨行，攜帶大量商品與中國商人進行貿易。

定都奈良 公元710年，日本定都平城京（今奈良市），開創了日本的興盛時期。此時，佛教文化興盛。

木屋 日本地震頻發，日本人用木板建造輕便的木屋，一旦遇到地震，可以輕易拆解和重建。

捕魚 日本人的主菜是魚，喜愛吃生魚片。在日本近海，人們划船捕獲海魚。此外，鯨魚也是日本重要的食物來源。

能劇 「能」是才能或技能的意思。能劇是日本的傳統戲劇，起源於古代舞蹈戲劇和各種節慶戲劇。演員通過臉部表情和形體動作暗示故事的本質。

壽司 唐代時由中國傳入日本並經日本人改良的食物。用飯塊配上魚肉、海鮮、蔬菜或雞蛋等配料，味道鮮美，深受民眾喜愛。

相撲 相撲運動來源於日本神道的宗教儀式。在奈良和平安時期，相撲是一種宮廷觀賞運動。鎌倉戰國時期，相撲成為訓練武士的一部分，最高級為橫綱。

和服 和服是日本傳統服飾，是仿照隋唐服飾和吳服修改而成。通過婦女和服的款式和花色，可以區分年齡和結婚與否。

太平洋

新潟

富士山

富士山 位於本州島中南部，是日本的最高峰，也是日本民族的象徵，被日本人尊稱為「聖嶽」。

《源氏物語》 成書於11世紀初，作者是紫式部。該書記錄了平安時代日本的宮廷生活，是日本古典文學的高峰。

茶道 一種獨特的飲茶儀式，自古以來就受到日本上流階層的喜愛。日本的茶道是唐朝貞觀年間由中國傳到日本的。

唐招提寺 唐招提寺位於日本奈良市西京五條街，公元759年為中國唐朝高僧鑒真所建，建築精美，是日本佛教律宗建築羣。

櫻花 日本人認為櫻花具有高雅、清秀的氣質，把櫻花作為勤勞、智慧的象徵。陽春三月櫻花盛開，日本人會出遊賞櫻，慶祝春天的到來。

東南亞佛教文明

東南亞地區自然條件優越，地形相對獨立，農業生產比較發達。公元400年左右，生活在湄公河流域的高棉人建立了第一個國家。此後，緬甸和越南也相繼出現了統一國家。

東南亞佛教興盛，寺廟眾多，後來印度教和伊斯蘭教相繼傳入，並開始衝擊佛教的主導地位。

蒲甘王朝 1044年，阿奴律陀國王建立蒲甘王朝，是緬甸第一個統一國家，蒲甘為首都。蒲甘王朝遵奉小乘佛教為國教，城內建有3000餘座寺廟。

伊洛瓦底江
哈林
阿瓦
蒲甘
室利差呾羅
東呀
驃國
勃固
直通
孟加拉灣
琅勃拉邦
蒲甘王朝 (11~16世紀)
清邁
高棉諸國
素可泰王朝
素可泰
大湄公
孟人諸王國 (8~17世紀)
烏通
阿瑜陀耶
吳哥
高棉王國 (7~15世紀)
金邊
阿瑜陀耶王朝
安達曼海
猜也

翡翠　**金**　**鎢**

緬甸礦產　緬甸礦藏資源比較豐富，盛產石油、天然氣、鎢、鉛、銀、鎳、金、鐵、鉻等自然資源。緬甸寶石非常有名，尤其是翡翠更是蜚聲海內外。

貝葉經　緬甸是著名的「佛教之國」，公元1000年左右，緬甸人就把佛經刻寫在貝多羅樹的葉子上，製成貝葉經。

暹羅　暹羅部分先民來自於中國雲南，為躲避蒙古軍隊而遷居中南半島。暹羅受到中國和印度文化的影響，尤為崇信佛教。

亞齊
馬六甲
馬六甲海峽
蘇門答臘

吳哥窟　吳哥古跡中保存最好的建築，以宏偉建築和細緻浮雕聞名於世。位於柬埔寨西北部，最初為佛教建築，後來改建成印度教寺院，供奉印度教神祇毗濕奴。

仰光大金塔　位於緬甸仰光的大金塔始建於585年，通體鋪金，鑲嵌着大量寶石，裏面供奉着佛陀遺物，是緬甸最神聖的佛塔。

室利佛逝王國 (7~13世紀)
室利佛逝
印度洋

葡萄牙佔領馬六甲　15世紀末，葡萄牙人繞過非洲好望角到達印度，向東達到並佔領馬六甲海峽，控制了這條重要的東西方貿易通道。

馬六甲　1400年前後，滿刺加蘇丹國（馬六甲王朝）創立者拜里迷蘇刺在馬來半島西南面的馬六甲修建港口，使之成為中國、印度和阿拉伯商人貿易停泊點和中轉站，戰略地位非常重要。

婆羅浮屠　9世紀前後，爪哇島的夏連特拉王朝修建了婆羅浮屠（佛塔）。寺廟分為八層，代表着通往極樂世界的八個階段。

東海

中國

太

平

洋

南海

菲律賓

蘇祿海

蘇祿蘇丹國
(始於14世紀)

西里伯斯海

婆羅洲

德那地■
■蒂多雷

西里伯斯島

哇海
滿者伯夷
(14~16世紀)

婆羅浮屠
●爪哇島
▔特拉王朝
~10世紀)

中國商船 明朝初期先後多次派鄭和南下西洋，經過東南亞地區，同當地人開展貿易。鄭和帶去了大量絲綢、瓷器，並將東南亞的香料、染料等運回中國。

對外貿易 大城王朝農業發達，物產豐富，對外貿易頻繁。國家擁有龐大的商船隊，專門運輸本國產品到鄰國進行貿易，並多次造訪明朝。

象軍 東南亞地區大象數量眾多，當地人訓練大象，用來馱運貨物，甚至組成象軍，參加戰爭。

蘭甘亨大帝（1239~1317年） 泰國素可泰王朝第三代國王。他團結各民族，國泰民安。他引進小乘佛教，頒佈了泰國最早的成文法典，並創造了泰文字母。

大城王朝 又稱阿瑜陀耶王朝。14世紀中期，烏通王推翻了素可泰王朝，建立了大城王朝。定都大城府（阿瑜陀耶），後來成為泰國首都。烏通王被明朝封為暹羅國王。

中世紀的北美洲

中世紀的北美洲開始出現建有宏偉神廟的大型城鎮，農業產品種類增加。此時，北美洲的東北部迎來了一批不速之客，他們來自寒冷的格陵蘭島，在紐芬蘭建立了殖民地；而在中美洲，繼瑪雅文明和托爾特克文明之後，阿茲特克文明迅速崛起。

觀測天象　居住在查科峽谷中的阿那薩吉人重視天象觀測，在岩畫中記錄了超新星等天文現象，還有冬至和夏至的標誌。

白令

蚌殼裝飾品　托爾特克人擅長用蚌殼製成裝飾品，在蚌殼上雕刻各種精美的圖案和宗教符號，手法細緻，形象生動。

查克摩爾　意為神的使者。雕像由托爾特克人雕刻而成，平臥地上，雙手捧盒。傳說他可以將人們奉獻給神的祭品送到神跟前。

普韋布洛人　普韋布洛人重視農業活動，修建了發達的灌溉工程。出於防衛需要，普韋布洛人在懸崖上修建了結構複雜的宮殿。

美洲虎　中美洲叢林裏生活着大量兇猛的美洲虎。美洲虎成為某些部族崇拜的動物，在奇琴伊察就建有美洲虎神廟。

蒂卡爾瑪雅遺址　蒂卡爾瑪雅遺址位於危地馬拉北部叢林中，氣勢恢宏，美輪美奐。城內有5萬居民，建造了大量金字塔和神廟。

北 冰 洋

格陵蘭島

馬更些河

不速之客　居住在格陵蘭島的維京人曾乘船到達美洲。1004年，他們在加拿大紐芬蘭定居，用木頭和泥土建造房屋，並建立了牧場。

哈德遜灣

維京人的攻擊路線

安斯梅多 ■

紐芬蘭

大

西

洋

查科大峽谷　位於美國新墨西哥西北。峽谷內建有大量村莊，每個村莊有700多間房屋。峽谷兩側建有台階通往外界。

霍普韋爾 ■

卡霍基亞 ■

密
西
西
比
河

查科大峽谷 ■
斯內克敦 ■　　普韋布洛·博尼托 ■
普韋布洛人 ■
大卡薩斯 ■

埃托瓦 ■
芒德維爾 ■

尤卡坦半島　尤卡坦半島是瑪雅人的故鄉，也是古瑪雅文明的重要源頭。瑪雅人在半島東北部修建城市，建造神廟祭壇和紀念碑。

墨西哥灣

奇琴伊察 ■
瑪雅潘 ■
圖拉 ■　　尤卡坦半島
特諾奇提特蘭 ■
蒂卡爾 ■

阿茲特克文明

瑪雅文明

加
勒
比
海

奇琴伊察　位於墨西哥尤卡坦州。南側具有瑪雅文化特色，以石雕為主，北側具有托爾特克文化特色，以灰泥雕刻為主。

阿茲特克人

阿茲特克人於1160年由北部的阿茲特蘭（「鷺之地」）經過兩個世紀的漂泊生活後，定居於墨西哥谷地，由遊獵轉為務農。1325年建立特諾奇提特蘭城（今墨西哥城）。他們以勤勞和英勇善戰著稱。14～15世紀征服鄰族，後疆域不斷擴展，盛極一時，號稱「阿茲特克帝國」。1521年，西班牙殖民軍佔領特諾奇提特蘭，阿茲特克帝國的統治結束。

武士 武士在阿茲特克社會具有很高地位，有戰功的武士可以獲得土地，食用最好的食物，頭戴用鷹的羽毛裝飾的豔麗的帽子。

阿茲特克人的起源 傳說，阿茲特克人最早發源於北方的一個名為阿茲特蘭的地區。12世紀中葉阿茲特克人遷徙至墨西哥谷地定居，並創造了輝煌的阿茲特克印第安文明。

62

可可飲料 阿茲特克人從熱帶低地民族那裏收取可可豆。貴族們用可可豆製造各種可口的可可飲料。

塔穆因

科努河

帕

圖拉

阿茨卡波察爾科
特斯科科湖　特斯科科
特諾奇提特蘭
特拉科潘
馬里納爾科

埃爾塔欣

特拉斯卡拉　卡卡斯特拉

喬魯拉

特奧蒂特蘭

巴爾薩斯河

阿爾班山　亞古爾
米特拉

主神廟 特諾奇提特蘭中心是宏偉的主神廟，四周有城牆環繞，神廟頂部建有供奉戰神維齊洛波奇特利和雨神特拉洛克的神殿。

特諾奇提特蘭 約公元1325年，阿茲特克人在特斯科科湖中的島嶼上，建立了名為特諾奇提特蘭（意為「特諾奇祭司所在地」）的城市。城市中心是金字塔神廟，貴族居住在神廟周圍的宮殿中。城市通過三條堤道與周圍陸地相連，武士們在堤道上晝夜巡查。

「浮園」 阿茲特克人從湖底挖掘淤泥，建成「浮園」。「浮園」土地肥沃，農作物產量很高。他們主要種植玉米、豌豆、南瓜、番茄和辣椒等作物。

集市 阿茲特克經濟繁榮，集市發達，商品種類繁多，諸如黃金、白銀、玉米、動物、可可、胡椒和奴隸等。

祭司 祭司在曆法和儀式方面接受過特殊培訓，主持宗教儀式，解讀各種徵兆，作為統治者的神學顧問，地位很高。

徵收貢賦 阿茲特克人從周邊臣服的民族那裏徵收糧食、刺繡、寶石和黑曜石刀等農產品和手工產品。

人祭 祭司在助手的幫助下，剖開俘虜的胸膛，將跳動的心臟取出來，獻給戰神維齊洛波奇特利，以求得戰神的庇佑。

服飾 阿茲特克人的服飾有明顯等級，平民穿着由劍麻織成的粗糙衣服，貴族可以穿着棉布織成的衣服，武士可以佩戴豔麗的帽子。

維齊洛波奇特利 阿茲特克人崇拜的太陽神和戰神。阿茲特克人認為，活人的鮮血能使太陽神保持永生，保證人類永遠存在下去。

「第五太陽石」 阿茲特克人認為，創世以來宇宙經歷了四個時代，他們生活在「第五次創造」的時代。他們製作了「第五太陽石」，石雕中央是太陽，四周是四個時代。

洪都拉斯灣

奇琴伊察

瑪雅潘

圖盧姆

尤卡坦半島

次佩切灣

阿卡拉

拉馬奈

塔亞沙爾

崇神教斯科

扎庫倫

伊西姆切

63

庫斯科 印加帝國都城。人口超過10萬，居住着統治者、貴族和祭司。城內建有許多用紅色石頭造的房屋，重要神廟的表面鋪設黃金，用寶石裝飾。

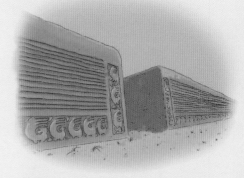

昌昌 昌昌在奇穆語中代表太陽的意思。昌昌是奇穆王國都城，城牆用黏土、砂礫和貝殼粉末修建，非常牢固。城中有金字塔形神廟、宮殿和民居，人口超過5萬。

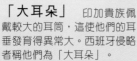

驛道 印加帝國建造了龐大的驛道系統，長達2萬公里，用石頭鋪成，可以迅速傳遞信息。皇帝可以通過驛道向動盪地區快速派遣軍隊。

驛站 在驛道兩側，每隔一段距離就會設有一座驛站，供驛使和行人休息駐足。

太

驛使 驛道沿路設有專門的驛使。他們駐紮在館舍，往來於驛道，傳遞消息。他們每天的行程最多可達240千米。

食物儲藏 印加人在驛道附近建設食物儲藏設施，儲藏着大量的穀物和白薯，並設置複雜的通風系統，以延長儲藏時間。

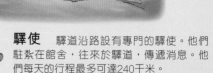

「大耳朵」 印加貴族佩戴較大的耳筒，這使他們的耳垂發育得異常大。西班牙侵略者稱他們為「大耳朵」。

金屬冶煉 印加人已經學會冶煉金、銀、銅、錫等金屬。他們鑄造的青銅器和金銀器紋飾精美，非常精巧。

奇穆王國和印加帝國

　　從10世紀開始，在南美洲西海岸出現了強大的奇穆王國。經過不斷擴張，奇穆王國控制了秘魯海岸。奇穆王國社會結構龐雜，農業發達，建立了完善的灌溉網絡，種植玉米和甘薯。都城昌昌，人口眾多，以大型磚石建築為主。

　　從13世紀開始，印加人在的的喀喀湖附近建立了印加帝國。經過不斷征戰，印加帝國控制了奇穆王國。到15世紀後期，印加帝國已經發展成為綿延4000多公里的龐大帝國。

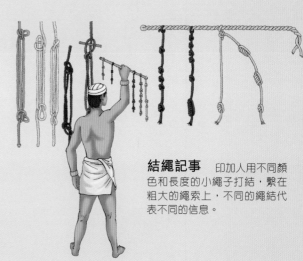

結繩記事 印加人用不同顏色和長度的小繩子打結，繫在粗大的繩索上，不同的繩結代表不同的信息。

祭祀品　印加帝國的祭司們向神靈供奉祭品，用作祭品的通常是農作物、羊駝或豚鼠。當印加王出征或發生巨大自然災害時，則以活人為祭品。

加勒比海

基多
昆卡
通貝斯

亞馬遜河

昌昌
卡哈馬卡
瓦努科
巴恰卡馬
印加瓦西
庫斯科
的的喀喀湖
蒂亞瓦納科
科恰班巴

馬丘比丘　坐落在安第斯山脈山頂，是印加帝國的宗教中心，建有神廟和宮殿。印加帝國滅亡後保存完好，直到1911年才被發現。

馬丘比丘

印加皇帝　印加人把皇帝看成是太陽神的後裔，擁有帝國內所有的土地、人口和財產。已經逝去的皇帝被製成木乃伊，是人與神靈交流的媒介。

聖弗朗西斯科河

65

羊駝　又名美洲駝，外形類似綿羊，性情溫馴。印加人廣泛飼養羊駝，獲取駝毛，用來織成衣物和地毯。羊駝肉可以食用。

馬鈴薯　印加人日常主要食用馬鈴薯，此外，還有玉米、番茄、胡椒。肉類主要來自羊駝。他們還用玉米釀酒。

巴拉那河

大西洋

紡織品　印加人是能工巧匠，他們用羊駝毛和棉花織成衣物和地毯，還學會了給羊毛染色，用染色的羊毛織成圖案複雜的紡織品。

太陽崇拜　印加人崇拜太陽，把太陽看作主神，尊稱太陽為「印第」。僅在庫斯科，就有4000多名祭司和侍從為「印第」服務。

德雷克海峽

地圖圖例

—— 1525年印加帝國的疆域
—— 帝國大道

明朝統治下的中國

1368年，朱元璋推翻元朝，建立明朝。1644年，明朝被李自成領導的起義軍推翻，清軍趁機入關，入主中原。明朝商品經濟發達，文化相對繁榮。但到了中後期，社會矛盾尖銳，內部黨爭不斷，宦官專權愈演愈烈。諸多無法克服的嚴重問題最終導致明朝滅亡。

白銀流通 明朝中期以後，隨着商品交易規模擴大和白銀數量增加，貴金屬白銀逐漸成為主要流通貨幣。

外來農作物 明朝農業發達，除中國傳統農作物外，還從海外引入了番薯、煙草、玉米和花生等。農作物種類增加，糧食種植結構發生了變化。

荷蘭侵佔台灣 1622年，荷蘭人佔據台灣西南部，建立貿易據點，修建堡壘。1626年西班牙殖民者佔據台灣東北部。1642年，荷蘭人擊敗西班牙，獨佔台灣。

鄭成功收復台灣 1662年，鄭成功率軍渡海到達台灣，驅逐荷蘭殖民者，收復台灣。

李自成起義 明朝末年，陝北連年旱災，李自成率領農民發動起義。1644年，李自成攻破北京，明朝滅亡。清軍入關，李自成迎戰失利，退出北京，後死於湖北。

修築長城 明長城東起遼寧虎山，西至甘肅嘉峪關，因地制宜，就地取材，用磚、石、土修建，成為明朝抵禦北方族群襲擾的重要軍事防禦體系。

鄭和下西洋 明代航海家鄭和，原名馬三保。12歲入宮成為太監，為人聰敏，很有才能。從1405年到1433年，他先後7次奉命出使西洋，到達亞非30多個國家和地區，是世界航海事業的先驅。

波斯灣　忽魯謨斯

紅海

天方

阿丹

阿拉伯海

帖木兒

木骨都束

卜剌哇

竹步

麻林地

慢八撒

西　洋

地圖圖例

—— 中國明時期疆域

---- 未定 今中國界

----- 鄭和下西洋路線

宣德青花瓷 明朝宣德年間燒造的青花瓷古樸典雅，釉色晶瑩豔麗，紋飾多姿多彩，燒製技術達到頂峰。青花瓷不僅供應宮廷需要，而且作為商品暢銷海外。

《本草綱目》 明朝醫藥學家李時珍歷時30年，對中藥材進行實地考察和科學分類，收錄藥方1.1萬多個，整理成《本草綱目》。該書被譽為「東方藥物巨典」。

屯兵九邊 為防禦元朝殘餘勢力襲擾北方邊境，明朝在北方重要地區設立九邊（九處重要的邊疆要地，如遼東、薊州、宣府、大同等），屯兵駐紮。

瓦剌

女真崛起 女真是滿族的前身，分為建州、海西和野人三部分。明朝末年，努爾哈赤逐漸統一女真各部，其子皇太極建立清朝。

奴兒干都司

管轄新疆 明政府在新疆設立衛所。衛設指揮使，統兵5500人。衛下設千戶所，千戶所下設百戶所。衛所制度加強了對新疆各部的有效管轄。

亦力把里

韃靼

海西女真

建州女真

遷都北京 明成祖於永樂元年（1403年）改北平府為北京。1421年2月，明成祖遷都北京，同時保留了南京的都城地位和一套政府機構。

朝鮮

援朝抗日 1592年，日本20萬大軍進攻朝鮮，朝鮮國王向明朝求援。中朝聯軍經過艱苦奮戰，至1598年終於挫敗日軍。

長城

歸化

京師

渤海

日本

67

資本主義萌芽 明朝中後期，在江南地區一些手工業部門產生了帶有僱傭性質的資本主義生產關係，稱為「資本主義萌芽」。

羌塘

黃河

太原

濟南

開封

西安

明

成都

長江

南京

劉家港

江

武昌

杭州

南昌

東海

東沙

貴州

桂林

福州

印度

榜葛剌

撒地港

緬甸

雲南

廣州

小琉球

古里

暹羅

大越

占城

萬里石塘

呂宋

石星石塘

戚繼光抗倭

戚繼光抗倭 明朝中後期，日本倭寇常到東南沿海燒殺搶掠，無惡不作。明朝將領戚繼光創建「戚家軍」，作戰勇猛，基本蕩平倭寇。

錫蘭

真臘

南海

萬里長沙

南巫里

滿剌加

渤泥

舊港

爪哇

征服匈牙利 1521年，奧斯曼帝國攻佔貝爾格萊德，征服了匈牙利王國，並把這裏變為了奧斯曼帝國的藩屬國。

圍困維也納 1529年，奧斯曼軍隊圍困維也納，但由於冬季來臨而被迫撤退。1532年再次包圍維也納，但在維也納南部的克塞格被擊退。

比斯開灣

羅亞爾河

羅古斯河

維也納

奧地利

亞得里亞海

教皇國

壟斷地中海貿易 奧斯曼帝國海軍從意大利人和葡萄牙人手中奪取了黑海、愛琴海、地中海、紅海的貿易路線，控制了歐亞之間的商業貿易，獲利豐厚。

科西嘉島

薩丁尼亞島

兩西西里王國

地

「信仰武士」 「信仰武士」是信仰伊斯蘭教的穆斯林宗教戰士的專用稱號，他們作戰勇敢。成為「信仰武士」是很多奧斯曼人全力追求的目標。

摩洛哥

奧蘭

阿爾及爾

阿爾及利亞

突尼斯

突尼斯

西西里島

勒班陀戰役 1571年西班牙國王腓力二世領導的天主教聯盟在地中海進攻奧斯曼海軍，在勒班陀戰役擊敗奧斯曼艦隊，打破了奧斯曼海軍不敗的戰績。

的黎波里

近衛軍 近衛軍成員從被征服地區的男孩中挑選，接受嚴格的軍事訓練，效忠於蘇丹，配備火器，戰鬥力極強，有「軍隊之魂」之美稱。

的黎波里

佔領希臘 1522年，奧斯曼軍隊從聖約翰騎士團手中奪取了羅得島，並於1669年征服克里特島。至此，希臘全境被奧斯曼帝國佔領。

奧斯曼帝國

　　奧斯曼土耳其帝國最初是安納托利亞中部的諸多小公國之一，以創建者奧斯曼一世的名字命名。從1299年至1922年，奧斯曼帝國延續600多年，成為橫跨中東、北非和歐洲的龐大帝國。奧斯曼人作戰勇敢，曾多次進攻歐洲，一度成為歐洲基督教國家的主要威脅。

北非堡壘 奧斯曼人在北非海岸奪取了西班牙人的堡壘，並在此駐軍，作為控制地中海航線的重要據點。

波蘭立陶宛王國

第聶伯河

伏爾加河

鹹海

俄國擴張 新興崛起的俄國，趁奧斯曼帝國衰落，於1696年奪取奧斯曼帝國的亞速城堡。1783年，俄國又佔領了克里米亞。

俄羅斯帝國

亞速

克里米亞汗國

雅西

格魯吉亞

裏海

攻佔布爾薩 1324年，奧斯曼土耳其人從拜占廷帝國手中攻佔了安納托利亞的布爾薩城，並作為奧斯曼公國的都城。

瓦拉幾亞　布加勒斯特

格萊德河

黑海

保加利亞

索菲亞

伊斯坦堡（君士坦丁堡）

錫諾普

特拉布宗

攻佔君士坦丁堡 1453年，穆罕默德二世攻克君士坦丁堡，作為帝國的新首都，並將聖蘇菲亞大教堂改為清真寺。

安卡拉

布爾薩

安納托利亞

波斯

班陀

愛琴海

伊茲密爾（士麥那）

科尼亞

摩蘇爾

底格里斯河

伊拉克

雅典

安條克

幼發拉底河

巴格達

羅得島

塞浦路斯島

大馬士革

巴士拉

克里特島

海

耶路撒冷

波斯灣

蘇彝士運河 18世紀初期，奧斯曼帝國計劃開發蘇彝士航道，以挽救衰退的經濟，但該計劃後來被取消，未能實現。

哈薩

亞歷山大港

蘭尼加

開羅

阿拉伯

埃及

尼羅河

哈里發 1517年，奧斯曼軍隊佔領穆斯林聖城麥加和麥地那，蘇丹成為穆斯林的領袖哈里發，從此開創了政教合一的政體。

希賈茲（漢志）

麥地那

紅海

麥加

阿斯旺

攻克埃及 1517年，奧斯曼帝國消滅了埃及馬木留克王朝，海軍勢力擴展到紅海。

薩那

也門

阿斯馬拉

亞丁灣

埃塞俄比亞

地圖圖例

1672年的奧斯曼帝國疆域

哈維（1578～1657年） 英國醫師、生理學家。通過大量的動物解剖實驗，發現了血液運動的規律和心臟的工作原理。他還指出，心臟是血液運動的動力來源。

北 海

漢堡

易 北 河

阿姆斯特丹
鹿特丹
倫敦
萊 茵 河
英吉利海峽
安特衛普
科隆

莎士比亞（1564～1616年） 英國著名戲劇家和詩人。作品語言豐富，人物個性突出，代表作有《哈姆雷特》、《李爾王》等，代表了歐洲文藝復興時期文學的最高成就。

巴黎

70

圖爾
特魯瓦

第戎

奧格斯堡

比斯開灣

日內瓦
里昂

米蘭
威尼斯

《唐吉訶德》 長篇諷刺小說《唐吉訶德》是西班牙著名小說家塞萬提斯（1547～1616年）的代表作，反映了當時歐洲舊的信仰已經解體、新的信仰還未建立時迷茫的社會心態。

熱那亞

蒙彼利埃

佛羅倫斯

里斯本
托萊多

薩拉戈薩

科西嘉島

羅馬

那不勒斯

巴利阿里羣島

薩丁尼亞島

第勒尼安海

格拉納達

彼特拉克（1304～1374年） 意大利詩人。代表作為抒情詩集《歌集》，反映了詩人追求幸福生活的美好願望和對愛情的歌頌，被稱為「人文主義之父」。

地 中

西西里島

但丁（1265～1321年） 意大利文藝復興的代表人物。代表作為長詩《神曲》。他用含蓄的文筆揭露和諷刺基督教會的腐敗和貪婪，呼籲人們追求人性。

地 圖 圖 例

● 文藝復興活動中心

文藝復興

文藝復興（Renaissance）在法語中的意思是「重生」，是14～16世紀新興資產階級知識分子在文學、藝術等領域發起的思想解放運動。中世紀時期，基督教神學籠罩着整個歐洲。新興資產階級為了打破宗教神學的控制，打着復興古希臘羅馬文化的旗號，鼓勵人們擺脫教會束縛，追求人的價值和尊嚴，提倡科學和理性精神。文藝復興發源於意大利的威尼斯和佛羅倫斯，並迅速席捲了整個西歐。

伽利略（1564～1642年） 意大利科學家。通過反覆實驗，提出了自由落體定律、慣性的概念，發現了運動的獨立性和疊加原理。他還發明了天文望遠鏡並用其觀測天體，使人們對宇宙有了全新的認識。

哥白尼（1473～1543年） 波蘭天文學家。1543年，哥白尼提出日心説，指出太陽是宇宙中心，行星圍繞太陽旋轉。日心説否定了教會宣揚的地球中心説，挑戰了基督教權威。

直升機 達芬奇不僅是一位藝術家，也是一位科學家，繪製了直升機、飛行器和汽車等諸多設計超前的圖紙。

達芬奇（1452～1519年） 文藝復興時期最負盛名的藝術家、科學家和發明家。生於佛羅倫斯。代表作有《蒙娜麗莎》和《最後的晚餐》。

《蒙娜麗莎》 達芬奇的代表畫作。《蒙娜麗莎》表現了佛羅倫斯貴婦人優雅、恬淡、祥和的神態。蒙娜麗莎的微笑具有一種神秘莫測的千古奇韻。

《大衛》 大衛是《聖經》中以色列的第二任國王。米開蘭基羅創作了雄偉健美的《大衛》雕像，成為佛羅倫斯市民心中保衛祖國的英雄化身。

科西莫·德·美第奇

羅倫佐·美第奇

美第奇家族 15世紀，美第奇家族控制了佛羅倫斯，他們熱衷於贊助藝術創作，促進了文藝復興運動的繁榮。

《西斯廷聖母》 16世紀初，意大利畫家拉斐爾（1483～1520年）創作了大型油畫《西斯廷聖母》；畫中聖母和耶穌的體態健美而有力量，富於人性，表現了母愛的偉大。

波羅的

第聶伯河

多瑙河

愛琴海

克里特島

佛羅倫斯大教堂 1296～1462年，意大利建造了佛羅倫斯大教堂，屬於哥德式建築風格，是文藝復興時期建築的典範。

造船技術 從13世紀開始，歐洲人的遠洋帆船上裝配有兩種船帆：方形帆可以利用順風；三角帆則可以利用來自側面和正面的風力，逆風航行。船尾還安裝有船舵，以便控制船隻方向。

早期葡萄牙探險家 葡萄牙土地貧瘠，從13世紀開始，航海者就到達大西洋深海，捕獲海魚、海豹，並尋找富饒的土地，以彌補國內土地和資源的短缺。

星盤

羅盤與星盤 水手在海上航行時利用羅盤確定航行方向，再用星盤測量出太陽或北極星與地平線的夾角，確定緯度。

羅盤

巴倫支（1596~1597）

格陵蘭

巴芬灣

斯瓦爾特

冰島

哈德遜（1610）

哈德遜灣

巴芬島

英國

倫敦

阿姆斯特荷蘭

法國

紐芬蘭島

亞速爾羣島

葡萄牙

里斯本

西班牙

帕洛斯

休達

馬德拉羣島

北美洲

魁北克

聖勞倫斯河

密西西比河

佛羅里達

哥倫布（1451～1506年） 哥倫布出生於意大利熱那亞，他相信向西航行到達日本的航程最短。他的探險計劃最終獲得了西班牙王后伊莎貝拉的資助。

哥倫布（1492）

大

古巴島

聖薩爾瓦多島

波多黎各島

海地島

墨西哥城

加勒比海

哥倫布（1502）

麥哲倫（1519）

佛得角羣島

幾內亞

尼日爾河

非

西

巴拿馬

太 平 洋

哥倫布船隊 1492年8月，哥倫布率領西班牙國王派遣的三艘船——「聖瑪麗亞」號、「平塔」號和「尼尼亞」號，共有船員約90人，實行了他的第一次遠航。

亞馬遜河

巴西

南美洲

伊亞

里約熱內盧

達伽馬（1497）

剛果土（1487）

剛果河

洋

印加

拉普拉塔河

麥哲倫（1521）

聖薩爾瓦多 1492年10月，哥倫布到達巴哈馬一個島，將該島命名為「聖薩爾瓦多」。當時他堅信自己到達了東印度羣島，並把當地人稱為「印度人」。

聖地亞哥

麥哲倫（1520）

達伽馬（約1460～1524年） 1497年，葡萄牙航海家達伽馬率船隊繞過非洲南端的好望角，並於次年到達東非港口馬林迪。最終，在他僱傭的阿拉伯領航員的引導下到達印度的卡利卡特（古里），並在此開展貿易。

敗血病 遠洋航行中補給匱乏，缺少新鮮水果蔬菜，導致很多船員因缺乏維生素而患上敗血病，牙齦腐爛，牙齒脫落，膿腫，虛弱，並最終死亡。

麥哲倫海峽 麥哲倫沿着南美洲東海岸一直向南航行，繞過了南美洲南端的海峽駛入太平洋。後人為了紀念麥哲倫的偉大壯舉，將這個風暴猛烈、險象環生的海峽命名為麥哲倫海峽。

巴塔哥尼亞

麥哲倫海峽

合恩角

貿易商站 源源不斷的葡萄牙商人沿着達伽馬的航線到達卡利卡特，並在此地建立商站。以此為據點，他們到達了印度洋的其他港口。

達伽馬在印度 達伽馬在印度卡利卡特受到熱情接待。他用隨船攜帶的黃金和布匹交換了胡椒等香料，返回葡萄牙後，取得了非常可觀的利潤。

南 極 洲

麥哲倫（1480～1521年） 1519年，葡萄牙人麥哲倫得到西班牙王室支持，向西開拓歐洲到亞洲的商路。在經歷艱難的環球航行後，麥哲倫船隊最終於1522年返回了西班牙，從而證明了地球是圓的。

開闢新航路

截至1500年，人類的交流主要集中在歐、亞、非之間，通過絲綢之路保持往來，地中海成為經貿樞紐。然而隨着奧斯曼帝國以武力控制了地中海並對過往商品徵收重稅，地中海商路漸趨蕭條。西歐商人被迫探索前往亞洲的新商路，一大批探險者前赴後繼，印度、美洲、太平洋相繼被發現。

「航海家亨利」 葡萄牙親王亨利（1394～1460年）把探險與殖民結合起來，創立航海學校，支持船隊到西非探險，希望獲得黃金並探索新的航路，被稱為航海家。

登陸關島 麥哲倫船隊經過4個月的艱難航行，到達西太平洋馬里亞納羣島最南端的關島，並在此獲得食物補給後繼續向西航行。

命喪菲律賓羣島 麥哲倫到達菲律賓羣島後，捲入當地人的內訌，並在一次衝突中被殺。倖存船員繼續航行，終於到達了「香料羣島」——摩鹿加羣島。

導路石 迪亞士認為「風暴角」（後更名為「好望角」）為非洲的最南端，並在此樹立石柱為後來的航海者指引方向。

穆斯林商人 穆斯林商人把來自亞洲的商品通過印度洋和紅海運往開羅，出售給意大利商人，再轉運到西歐。由於層層轉手，亞洲商品在歐洲的價格一直居高不下。

香料 香料用於保存食物，歐洲的富有階層把來自印度的胡椒和來自中國的生薑、肉桂視為高貴生活的必需品，因此對香料的需求很大。

返回西班牙 麥哲倫出發時率領5艘船、240名水手。經過艱難航行，最終只有1艘船、18名水手安全返回西班牙，完成了人類歷史上首次環球航行。

迪亞士（約1450～1500年） 1488年，葡萄牙航海家迪亞士繞過好望角，進入印度洋。但由於水手們筋疲力盡，他們只好折返回國，但通往印度的航路已經打開。

地圖標註：北冰洋、新地島、俄羅斯、亞洲、中國（明）、京師、日本、太平洋、印度河、印度、卡利卡特、達伽馬（1498）、菲律賓羣島、麥哲倫（1521）、馬里亞納羣島、麥哲倫死亡地、麥克坦島、蘇門答臘島、婆羅洲、摩鹿加羣島、爪哇島、印度洋、馬達加斯加島、麥哲倫同伴（1522）、新荷蘭（澳洲）、大洋洲、塔斯曼尼亞島、斯塔特蘭（新西蘭）、阿拉伯、亞丁

73

控制瑪雅帝國 1524年，西班牙開始控制瑪雅帝國城邦，並進行大肆掠奪，激起了瑪雅人的反抗。鬥爭一直持續到17世紀。

征服奇琴伊察 奇琴伊察曾經是托爾特克人的首都，也是一個瑪雅邦國的都城，後來被西班牙殖民者佔領，遭到嚴重破壞。

科爾特斯（1485～1547年） 殖民時代活躍在中南美洲的西班牙殖民者，以摧毀阿茲特克古文明，並在墨西哥建立西班牙殖民地而聞名。1519年，科爾特斯抵達尤卡坦半島，並沿着海岸線向南航行，在今韋拉克魯斯登陸，進攻阿茲特克首都特諾奇提特蘭。

法蘭西斯‧皮薩羅（1471～1541年） 1531年，西班牙殖民者法蘭西斯‧皮薩羅率眾在通貝斯登陸，並迅速向印加帝國腹地挺近。他給印加帝國帶來了巨大的災難。

俘虜印加皇帝 法蘭西斯‧皮薩羅率領西班牙殖民者挾持了印加皇帝阿塔瓦爾帕，並以此索取大量錢財，導致印加帝國陷入癱瘓。

傳教士 西班牙耶穌會傳教士在南美各殖民地建立教堂，設立教會學校，宣傳基督教義。他們還深入美洲內地傳教佈道。

巴哈馬羣島
古巴島
奇琴伊察 哈瓦那
韋拉克魯斯
尤卡坦半島
波多黎各島
特諾奇提特蘭
牙買加島 海地島
加勒比海
巴拿馬
卡宴
瓜亞基爾
通貝斯
南美洲
庫斯科
塞古特
波托西
拉普拉塔河
里約熱內盧
聖地亞哥
布宜諾斯艾利斯
火地島
合恩角

密西西比河
太平洋

西班牙和葡萄牙在美洲的殖民擴張

　　歐洲探險家們發現美洲後，大量殖民者湧入美洲。他們沒有足夠的商品與當地土著交換金銀，因此搶掠和欺詐性貿易成為此時西班牙和葡萄牙在美洲的主要勾當，美洲的大量金銀財富流入歐洲。歐洲殖民者帶給美洲的除了屠殺和掠奪外，還有歐洲的疾病，導致土著居民印第安人大量死亡。

74

1494年根據《托德西拉斯條約》劃定的界線

西班牙
葡萄牙

滿載金銀的船隻 滿載着從美洲掠奪的金銀的大型帆船在軍艦的護衛下，從哈瓦那出發，穿越大西洋，返回西班牙。

大

外來疾病 西班牙和葡萄牙把歐洲的流行性疾病帶到美洲，主要有天花、麻疹、白喉、百日咳、流感等。美洲土著因對這些陌生的疾病缺乏免疫力，從而大量死亡。

西

海盜 西班牙從美洲掠奪的財富吸引了來自英國和荷蘭的海盜。他們在大西洋襲擊打劫裝滿財寶的西班牙船隻，並將財寶運回國內。

移民浪潮 美洲擁有大量肥沃的土地，吸引着歐洲移民前往美洲定居，掀起了移民浪潮，促進了美洲的開發。

亞速爾羣島

里斯本　■馬德里

葡萄牙　西班牙　地　中　海

歐洲

馬德拉羣島

加那利羣島

撒哈拉沙漠

非洲

尼日爾河

佛得角羣島

阿森松島

75

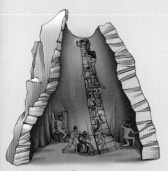

波托西銀礦 1545年，西班牙人發現了波托西銀礦，並強迫當地人開採，掠奪了巨額財富。

洋

劃分勢力範圍 1494年，西班牙和葡萄牙在教皇的主持下，簽署《托德西拉斯條約》，劃分了兩國的殖民勢力範圍。此舉開啟了近代殖民列強劃分勢力範圍的先河。

美洲農作物傳到歐洲 歐洲殖民者把美洲獨有的農作物傳播到歐洲、亞洲和非洲，有玉米、馬鈴薯、煙草、番茄、辣椒、花生和可可等，改變了世界農作物種植的結構。

聖海倫娜島

特里斯坦—達庫尼亞羣島

好望角

徵調勞力 西班牙殖民者強徵18～50歲的印第安人到礦山勞動，時間為6～12個月。惡劣的勞動條件導致印第安勞力大量死亡。

地圖圖例

西班牙及其殖民地

葡萄牙及其殖民地

－－－－ 西班牙和葡萄牙的殖民地分割線

諾克斯（1505～1572年） 16世紀蘇格蘭宗教改革的領導者。積極推行加爾文派的宗教改革主張，但當時大部分蘇格蘭人依舊信奉天主教。

瑪麗一世 英格蘭女王，虔誠的天主教徒。1553年，瑪麗一世在英國廢棄英國國教，恢復天主教，並大肆迫害新教徒，被稱為「血腥瑪麗」。

「聖巴托羅繆之夜」 1572年8月24日凌晨，法國天主教徒在巴黎展開了針對胡格諾派新教徒的大屠殺，殺害3000多人，這種對新教徒的屠殺很快遍及法國各地。因當天為天主教的「聖巴托羅繆日」而得名。

英國國教 基督教新教的一支。1534年，英格蘭國王亨利八世頒佈「至尊法案」，宣稱國王是英國教會的最高首腦，教皇無權干預英國國教事務，但他在很大程度上保留了天主教的儀式和教規。

耶穌會 耶穌會是天主教的主要修會之一，1534年成立，獲得羅馬教廷許可，目的是反對新教改革，主張從內部改革教會。

羅馬教皇 宗教改革運動打擊了羅馬教會的權威，削弱了教皇的權力，但教皇在天主教世界仍扮演着宗教權威的角色。

丹麥 - 挪威王國

奧斯陸

哥本哈根

漢堡

易北河

維滕堡

路德教

北海

蘇格蘭王國

愛丁堡

愛爾蘭

都柏林

英格蘭王國

英國國教

倫敦

大 西 洋

英吉利海峽

聯合省共和國

明斯特

布魯塞爾

萊茵河

神 聖 羅 馬 帝

巴黎

南特

盧 瓦 爾 河

斯特拉斯堡

法 蘭 西 王 國

巴塞爾

蘇黎世

慕尼黑

日內瓦

加爾文教

里昂

米蘭

威尼斯

威 尼 斯

熱 那 亞 共 和 國

馬賽

佛羅倫斯

教 皇

里斯本

托萊多

巴塞隆拿

葡 萄 牙 王 國

西 班 牙 王 國

巴利阿里羣島

格拉納達

休達

摩 洛 哥

阿 爾 及 利 亞

突尼斯

地

羅馬

撒 丁 王 國

那

中

阿 巴 西 亞

西西里島

76

地 圖 圖 例

● 宗教改革各教派活動中心

贖罪券 天主教教會通過兜售「贖罪券」來騙取錢財，宣稱購買「贖罪券」之後，死者的罪惡會被赦免，靈魂就會升人天堂。

《九十五條論綱》 1517年，馬丁路德在維滕堡教堂的門上張貼了《九十五條論綱》，反對教廷兜售「贖罪券」，認為只要信仰上帝就可以得到救贖。

《奧格斯堡宗教和約》 1555年，在德意志，信奉新教的國家和信奉天主教的國家簽訂了《奧格斯堡宗教和約》，協議遵循「教隨國定」的原則，由各國統治者決定本國人民信仰的教派，不能接受者可以移居別國。

塔蘭托會議 1545年，天主教會在意大利塔蘭托召開會議，糾集信奉天主教的各國君主，反對宗教改革，打擊新教勢力，並從教會內部對天主教教義進行了部分改革。

宗教改革

　　早在公元1000年，基督教的影響就已經遍及歐洲。羅馬教廷通過宗教箝制人們的思想，榨取民眾錢財，因此基督教內部反對教廷貪污腐化、濫用權力的批評之聲從未中斷。1517年，德意志修道士馬丁路德公開抨擊教會利用贖罪券獲取錢財的行徑，掀起了宗教改革的序幕。馬丁路德創立了路德派，法國的加爾文創立加爾文派，英國出現英國國教運動，呼籲改革。新教紛紛湧現，天主教內部出現了分裂。

馬丁路德（1483～1546年）奧古斯丁教團的修道士，德意志維滕堡大學的神學教授。因不滿天主教的貪婪和腐化，公開倡導對天主教進行改革。

禁止天主教 馬丁路德的宗教改革思想適應了德意志貴族希望打破教會控制的願望。德意志很多城市立法禁止天主教的宗教儀式，要求遵從新教的教義。

加爾文（1509～1564年） 法國宗教改革家。曾因主張改革教會而被驅逐。他創立了新教的加爾文派，主張人得救與否是神預定的，但虔誠的信仰是基督徒的義務。

《古騰堡聖經》 1452～1455年，德國發明家古騰堡利用自己發明的活字印刷機印刷了一本拉丁文聖經，被稱為《古騰堡聖經》。

搶劫西班牙 在英格蘭國王支持下，德雷克率領的海盜船到處打劫運送金銀財寶的西班牙船隊，獲得了巨額財富。

聖菲利普號 聖菲利普號於1690年下水，排水量達1000噸，火力強悍，裝備有96門火炮。該軍艦是「無敵艦隊」的旗艦，在保護西班牙殖民地及護衛西班牙船隻的過程中發揮了重要作用。

哈德遜灣

北 美 洲

密西西比河

新亞蘭比亮

新阿姆斯特丹

紐約 1664年，英國海軍遠征隊攻佔了荷蘭在美洲的殖民地——新阿姆斯特丹，改名為紐約，意為「新約克郡」。該事件成為第二次英荷戰爭爆發的導火線。

太 安 的 列 斯 羣

加勒比海

巴拿馬

太 平 洋

南 美

印 加

七年戰爭 1756～1763年，以英國和法國為首的兩個聯盟在歐洲、美洲和印度等地進行了長達7年的戰爭。最終英國擊敗法國，奪取了法國在美洲和印度的殖民地，成為殖民霸主。

發現「新大陸」 1578年，英國海盜德雷克乘坐「金鹿」號船隻繞過麥哲倫海峽，到達「德雷克海峽」，並宣稱新發現的地區屬於英格蘭所有。

布宜諾斯艾利

巴塔哥尼亞

麥哲倫海峽

合恩角

德雷克海峽

英國的崛起

　　都鐸王朝統治時期，在伊麗莎白女王的大力支持下，英國海上力量迅速崛起，並劫掠西班牙運送金銀的船隻，激起了西班牙的強烈不滿，雙方爆發海戰。英國憑着輕便精悍的海軍力量，擊敗了西班牙的「無敵艦隊」，取得了海上霸權。此後，英國先後擊敗荷蘭和法國，成為世界殖民霸主。

英西海戰 英國海盜的長期劫掠激怒了西班牙人。1588年，英西雙方在英吉利海峽開戰。西班牙戰艦老舊，戰術陳舊，被輕便精悍的英國艦隊擊敗。西班牙從此一蹶不振。

紐芬蘭島

易斯堡

路易斯堡要塞 1758年6月，英國艦隊攻佔法國在加拿大的重要據點路易斯堡。次年，法屬加拿大總督投降，英國佔領加拿大。

「無敵艦隊」 16世紀後期，西班牙建立了當時世界上最龐大的艦隊，由130艘軍艦、3000門大炮和數萬名士兵組成，號稱「無敵艦隊」。

斯庫內維爾德海戰

英國　荷蘭

英吉利海峽　歐洲

法國

葡萄牙　西班牙　地中海

帕洛斯

阿拉伯人和柏柏爾人

亞速爾羣島

加那利羣島

佛得角羣島

佛得角

非洲

尼日爾河

幾內亞

剛果

伊麗莎白一世（1533～1603年）英國都鐸王朝的最後一位君主。她積極支持海外探險，拓展英國海外貿易，使英國實力大增。

大　西　洋

德雷克航線

79

塞古特

里約熱內盧

「海上馬車夫」 荷蘭造船業發達，商隊擁有1.6萬餘艘船隻，龐大的商隊為荷蘭帶來了豐厚的利潤，被稱為「海上馬車夫」。

《航海條例》 1651年，英國議會頒佈了《航海條例》，規定一切輸入英國的貨物，必須由英國船隻運輸，這打擊了荷蘭「海上馬車夫」的地位。

英國獨佔印度 1760年，英國艦隊徹底擊敗法國。法國在印度最後一個據點本地治里被英軍佔領。英國獨佔印度。

好望角

《威斯敏斯特和約》 1652年7月，英荷戰爭爆發，荷蘭海軍被英國擊敗。1654年4月，兩國簽訂《威斯敏斯特和約》，荷蘭承認英國的海上霸主地位。

斯庫內維爾德海戰 1673年，英法聯合艦隊進攻荷蘭，但在兩次斯庫內維爾德海戰中均告失利，被迫簽署和約。荷蘭國力亦受重創。

東印度公司 1600年12月31日，英格蘭女王伊麗莎白一世特許成立東印度公司，給予它在印度的貿易特權。東印度公司成為印度的實際主宰者。

都鐸玫瑰 都鐸王朝的徽章——都鐸玫瑰是由蘭開斯特家族的紅玫瑰和約克家族的白玫瑰組合而成。1486年蘭開斯特家族的旁系亨利·都鐸（亨利七世）迎娶了約克家族的伊麗莎白，結束了長達近30年的「玫瑰戰爭」，並使兩大家族通過聯姻的方式實現了聯合。

大　西　洋

呢絨業 呢絨業是英國傳統行業，16世紀末全國一半人口從事該行業，每年出口呢絨25萬匹，佔全國出口商品總額的90%。

80

圈地運動 由於英國製呢業發展迅速，羊毛需求量大增。為了豐厚的利潤，新興貴族不惜動用暴力將農民驅離土地，圈地養羊獲取羊毛。此舉實現了資本的原始積累，也為工業化提供了大量廉價勞動力。

弗吉尼亞 1607年，英國在北美建立了第一個永久性的殖民地——弗吉尼亞，並以此為根據地不斷向周邊地區擴張。

奧克尼羣島

蘇

格

蘭

珀斯
登巴爾
愛丁堡

北
海
峽

卡萊爾
紐卡斯爾

馬恩島

馬斯頓荒原
約克

英

愛　爾　蘭　海

普雷斯頓

愛

德羅赫達

爾

都柏林
利物浦
安格爾西島

蘭

諾丁漢

格

韋克斯福德

聖喬治海峽

伍斯特

科克

蘭

牛津

彭布魯克
加的夫
紐伯里
巴斯

溫徹

普利茅斯

懷特島

英 吉 利 海 峽

地 圖 圖 例

▨ 國王控制的地區（1643年）

▨ 議會控制的地區（1643年）

→ 克倫威爾侵入愛爾蘭和蘇格蘭路線

英國資產階級革命

1485年，英國王室結束內部紛爭，亨利七世建立都鐸王朝。都鐸王朝最後一位君主伊麗莎白一世於1603年去世後，由於沒有子嗣，英格蘭王位轉由蘇格蘭國王詹姆士六世繼承，史稱斯圖亞特王朝。斯圖亞特王朝的國王大多崇奉天主教，與英國國教徒和清教徒產生宗教衝突。同時他們擠壓新興資產階級的生存空間，導致英國爆發了資產階級革命。斯圖亞特王朝被推翻，資產階級主導的議會掌握國家權力，同時英國通過殖民侵略和海外貿易，積累了巨額財富，逐漸邁入歐洲強國的行列。

清教徒 16世紀60年代，英國國教中的部分激進信徒要求徹底清除國教中的天主教殘餘，廢除天主教的儀式和教規，提倡過「勤儉清潔」的生活，被稱為「清教徒」。

北海

詹姆士一世（1566～1625年） 英格蘭女王伊麗莎白一世終身未嫁，沒有子嗣。1603年，伊麗莎白一世去世後，蘇格蘭國王詹姆士六世兼任英格蘭國王，又稱為詹姆士一世，蘇格蘭和英格蘭至此第一次實現了統一。

炸彈陰謀 1605年，部分英國天主教徒企圖使用炸彈暗殺在議會中參加開幕典禮的詹姆士一世，後事情敗露。但這激起了詹姆士一世對天主教徒的憤怒，並開始對其進行懲罰。

81

光榮革命 詹姆士二世（1633～1701年）在政治上的倒行逆施和宗教上的親天主教傾向引發了資產階級的反感。1688年，資產階級邀請荷蘭執政威廉入主英國，詹姆士二世被迫流亡法國。由於這是一場不流血的宮廷政變，故被稱為「光榮革命」。

《大抗議書》 1640年，查理一世為了籌集軍費，要求議會通過徵稅法案，並解散議會。資產階級和新貴族起草了《大抗議書》，要求限制王權，監督國王。

諾里奇

納西比戰役 1645年6月，在議會軍節節敗退的情況下，克倫威爾指揮新模範軍，在納西比戰役中重創了王黨軍，取得了決定性勝利，扭轉了戰局。

坎特伯雷

克倫威爾（1599～1658年） 議會軍領袖。率軍打敗了王黨軍，並積極拓展英國的海外利益。1653年4月，他解散議會，實行軍事獨裁。他死後，英國重新陷入混亂。

處死查理一世 1649年1月30日，查理一世在倫敦被送上斷頭台，英吉利共和國時期開始。

《權利法案》 1689年，英國議會通過了著名的《權利法案》。該法案限制了君權，保障了議會權利，使君主立憲制政體在英國得以確立。

莫臥兒王朝

　　莫臥兒王朝的建立者是巴布爾。巴布爾宣稱自己是成吉思汗的後代，是帖木兒的子孫。15世紀末，巴布爾憑着優良的火器和大炮，迅速征服了印度北部，建立莫臥兒王朝。經過不斷擴張，莫臥兒王朝的版圖幾乎涵蓋了整個南亞次大陸。王朝奉行宗教自由，設立政府機構管理帝國事務。莫臥兒王朝末期，遭到了西海岸的馬拉地人的攻擊，後來法國和英國也紛紛在印度搶佔殖民地，莫臥兒王朝逐漸衰落。

金廟　金廟位於印度旁遮普邦阿姆利則，是錫克教最重要的宗教聖地。金廟興建於1588年，於1604年完工。廟門及圓形寺頂都貼滿金箔，故得名「金廟」。

82

巴布爾統一北印度　1526年，中亞的帖木兒帝國後裔巴布爾入侵印度，戰勝德里蘇丹國的洛迪蘇丹，建立莫臥兒王朝。經過不斷戰爭，終於統一了北印度。

德里遭洗劫　1738年，伊朗國王納狄爾沙率5萬大軍入侵，佔領白沙瓦，翌年兵抵德里，攻佔並洗劫了德里。

阿 拉 伯

國王領地　莫臥兒王朝的一半耕地由皇帝直接佔有。皇帝領地的收入主要用於維持皇室、王朝官員和衛隊的開支。

泰姬陵　泰姬陵是莫臥兒皇帝沙賈汗為紀念愛妻修建的陵墓。大約1632年開始建造，竣工於1654年，通體由白色大理石建成，宏偉壯麗，美輪美奐。

阿格拉紅堡　阿格拉紅堡的建造和使用經歷了莫臥兒王朝時期的多位皇帝，採用紅砂岩建造而成，結合了印度和中亞的建築風格。

地 圖 圖 例

―――― 1700年莫臥兒王朝疆域

德里 德里是印度的政治中心和工商業中心，城市規模迅速擴大，形成了以德里為中心的區域市場。

葡萄牙人在印度 1535年，莫臥兒皇帝胡馬雍允許葡萄牙人在第烏定居，並建造城堡。

經濟作物 莫臥兒社會以農業經濟為主，農業進步推動了商品經濟的發展，如商品糧、棉花、生絲、藍靛、煙草等經濟作物都成為商品。

生絲

藍靛

朝聖 印度穆斯林每年都要步行前往蘇拉特，在此坐船前往紅海吉達、從吉達步行到達麥加，完成朝聖之旅。

錫克教　印度教

宗教寬容 莫臥兒王朝實行宗教寬容政策，除伊斯蘭教外，還允許人民信奉印度教和錫克教。印度北部地區很多人都信奉印度教。

邁索爾王國 邁索爾王國位於印度南部，信奉伊斯蘭教，曾強烈抵制英國東印度公司在南印度的擴張。

孟加拉灣

本地治里 17世紀中後期，法國佔據本地治里，建立貿易據點，成為法國前往東南亞各地的中轉站。該地盛產香料。

王朝滅亡 1877年，英國女王維多利亞加冕為「印度女皇」，莫臥兒王朝消亡。此後，英國直接統治印度長達70年，直至1947年印度贏得民族獨立。

荷蘭殖民者 荷蘭東印度公司在印度南部建立貿易據點。1660年，荷蘭擊敗葡萄牙，獨佔錫蘭。

英國附庸 1764年，莫臥兒皇帝沙‧阿拉姆二世向英國東印度公司投降。莫臥兒王朝淪為英國殖民者的附庸。

清朝的崛起

清朝是中國歷史上最後一個封建王朝。1616年建州女真努爾哈赤創建後金，1636年皇太極改國號後金為大清。1644年清軍入關，清世祖順治定都北京。從清世祖到宣統帝，清朝共經歷10位皇帝的統治，國祚延續268年，並於康熙、雍正、乾隆三朝達到鼎盛時期，史稱「康雍乾盛世」。同時，清朝繼續推行海禁政策，嚴格限制對外交流，思想遭到箝制，自然經濟阻礙了資本主義萌芽的發展，逐漸落後於西方。

八旗制度 為適應戰爭，努爾哈赤創建八旗，包括正黃、正白、正紅、正藍、鑲黃、鑲白、鑲紅、鑲藍旗，軍政合一，寓兵於農。

正黃旗　正白旗　正紅旗　正藍旗

鑲黃旗　鑲白旗　鑲紅旗　鑲藍旗

攤丁入畝 清朝初年，清政府將歷代沿用的人頭稅納入田賦一起徵收。廢除人頭稅，促進了人口激增。

八股取士 明清時期沿用科舉制度選拔官吏。考試範圍是四書五經，文體限於八股文，後來逐漸僵化，成為統治者用來禁錮人才的工具。

滋生人丁，永不加賦 康熙帝規定，從1711年之後所生的人口，永遠不增加賦稅，促進了中國人口的迅速增長。

票號 清朝出現了專門經營匯兌業務的票號，以山西票號最為有名，促進了金融業的發展。

文字獄 清朝初期，統治者屢次大興文字獄，採用各種藉口迫害知識分子，銷毀「違禁」圖書，箝制了文化發展。

閉關鎖國 清朝實行閉關鎖國的政策，只開設廣州一口通商，並嚴格限制中國人與外國人的交往，導致清朝日益閉塞，逐漸落後於西方。

軍機處 雍正帝設立軍機處，選任親信為軍機大臣，職責是接受並發佈皇帝命令。

圓明園 清朝著名的皇家園林，被譽為「萬園之園」。1860年在第二次鴉片戰爭期間被英法聯軍縱火燒毀。

康熙帝 1661～1722年在位。他平定三藩，收復台灣，擊敗俄軍，治河安邦，肅清吏治，富國裕民，開創了「康雍乾盛世」的繁榮局面。

女真的漢化 皇太極倡導學習先進的漢文化，革除陋俗，制定法律，推動了民族融合。

清朝建立 1636年，皇太極即皇帝位，建立大清，年號崇德。

中俄《尼布楚條約》待議地區

瓶掣籤 清朝規定，西藏班禪和達賴等活佛轉世，必須駐藏大臣的監督下，用金瓶抽決定，並由中央正式任命，實了對西藏的有效管理。

85

清軍入關 1644年，清軍大舉進入山海關內，攻佔北京，後擊敗李自成起義軍和明軍殘餘勢力，最終統一中國。

揚州十日 1645年，清軍在揚州遭到當地民眾的頑強抵抗。揚州失陷後，清軍在揚州展開報復性的大屠殺。屠殺持續了十餘天，死傷80餘萬人。

施琅 1683年，福建水師提督施琅率清軍水師在澎湖海戰中擊敗台灣水師，收復台灣。他建議清政府在台灣派兵駐守，設台灣府管理，加強了台灣與大陸的聯繫。

平定三藩 三藩是指吳三桂、尚可喜和耿精忠三位藩王。由於三藩勢力日益膨脹，對中央構成威脅，康熙帝決定撤藩，導致了吳三桂率先反清。從1673年開始，康熙帝歷時八年平定三藩之亂，穩定了統治。

俄羅斯

烏里雅蘇台　庫倫　璦琿　齊齊哈爾　烏蘭布通　吉林　奉天　承德　京師　山海關　保定　西寧　蘭州　太原　濟南　西安　開封　揚州　安慶　江寧　蘇州　成都　武昌　南昌　杭州　長沙　貴陽　福州　雲南　桂林　廣州　拉薩

黃河　清　長江　東大洋　渤海　南大洋　太平洋　朝鮮　日本　赤尾嶼　釣魚台　呂宋　緬甸　越南　暹羅　烏第河

萬里長沙　南海　千里石塘　洋

奪取出海口 為了奪取俄國在波羅的海的出海口，彼得大帝於1700年向瑞典宣戰。1721年，俄國逼迫瑞典簽署條約佔領了波羅的海出海口。

挪威海

俄羅斯帝國 1721年，彼得大帝在北方戰爭中擊敗了瑞典王國。俄羅斯參政院授予其「俄羅斯帝國皇帝」頭銜。俄國成為正式意義上的帝國。

巴倫支海

巡遊歐洲 彼得大帝親自到西歐學習先進的科學技術，先後造訪了勃蘭登堡、荷蘭、英國等國，受益匪淺。

營建聖彼得堡 彼得大帝在與瑞典的戰爭中，為俄羅斯奪取了涅瓦河的出海口，並開始在此營建聖彼得堡。1712年，彼得大帝從莫斯科遷都於此，希望能夠借此加強與西歐的交流。

冶煉金屬 烏拉爾山脈礦產資源豐富，俄國在此修建了許多鋼廠和銅廠，獲取鋼鐵和銅等金屬。

北海　萊茵河　瑞典　斯德哥爾摩　波羅的海　芬蘭　新地島　喀拉海

普魯士　華沙　波蘭　星曼河　維爾紐斯　聖彼得堡　阿爾漢格爾斯克

奧地利　德涅斯特河　平斯克　沃洛格達　烏拉

基輔　第聶伯河　斯摩棱斯克　莫斯科　別列左夫　鄂

敖德薩　下諾夫哥羅德　維亞特卡　蘇爾古特河

86

塞凡堡　哈爾科夫　喀山　彼爾姆爾　山　畢　托博爾斯克　納利

黑　亞速海　亞速　爾　加　薩馬拉　脈　秋明

安卡拉　海　察里津　伏　烏法　塔拉　托木斯克

大高加索山脈　阿斯特拉罕　額爾齊斯河　巴爾瑙爾

俄土戰爭 從17世紀開始，俄土之間因爭奪領土斷斷續續爆發了十餘次戰爭，持續了兩個多世紀，雙方互有勝負，但最終俄羅斯佔據了上風。

第比利斯　波斯　裏海　哈薩克　阿斯塔納　斯河

鹹海

巴爾喀什湖

莫斯科大公國 最初的莫斯科大公國僅佔據首都莫斯科及周邊地區，後通過兼併戰爭勢力逐漸擴大。1547年，莫斯科公國大公伊凡四世加冕稱「沙皇」，建立中央管理機構。

第六次俄土戰爭 1787～1791年的戰爭中，奧斯曼帝國被擊敗，俄國觸角伸入巴爾幹半島。

阿斯特拉巴德

東正教 1453年，拜占廷帝國滅亡。莫斯科大公伊凡三世宣佈自己是東正教的保護者，莫斯科成為東正教的宗教中心。

地圖圖例

———— 18世紀末的俄國

北 冰 洋

阿拉斯加殖民地　18世紀，俄國人穿越白令海峽，進入北美洲的阿拉斯加，並在此建立殖民地。1867年，俄國以720萬美元的價格將阿拉斯加賣給了美國。

阿拉斯加
聖勞倫斯島

阿納德爾

建立海軍　彼得大帝在英國見到了強大的海軍。回國後，他費盡心力組建了第一支俄國海軍，成為俄國對外擴張的利器。

下科雷馬斯克

雙頭鷹　拜占廷帝國日趨沒落之時，莫斯科大公伊凡三世迎娶了拜占廷帝國末代公主索菲亞，並將雙頭鷹圖案放進俄羅斯國徽中，借此顯示莫斯科是第三個羅馬。

皮毛交易　西伯利亞的土著人獵殺熊和其他動物，獲取皮毛，與俄國人交換商品。

扎希維爾斯克

87

勒拿河

日甘斯克

鄂霍次克

鄂霍次克海

侵佔中國領土　17世紀中葉，俄國侵佔了中國北部的阿穆爾地區，並在此建造堡壘。清軍擊敗俄軍，並於1689年與其簽署了《尼布楚條約》，收復了阿穆爾地區。

雅庫茨克

「歐洲憲兵」　自1721年俄羅斯帝國建立開始，歐洲幾乎所有的政治問題，如果沒有俄國的干預，都無法解決，俄羅斯帝國被稱為「歐洲憲兵」。

奧廖克敏斯克

庫頁島

黑龍江

中俄《尼布楚條約》待議地區

中俄《尼布楚條約》規定的邊界
雅克薩(阿爾巴津)

基廉斯克

布拉茨克

格爾必齊河

額爾古訥河

石勒喀河

黑龍江

瑷琿

斯克

巴爾古津

涅爾琴斯克(尼布楚)

伊爾庫茨克

貝加爾湖

1727年中俄《布連斯奇條約》規定的邊界

庫倫

中　國
（清）

俄國迅速擴張

　　1283 年，莫斯科大公國建立，此時它還是個貧窮的內陸小國。經過300多年的不斷擴張，至16世紀初，一躍成為歐洲有影響力的大國。彼得大帝在位時，積極學習西方，大刀闊斧地進行改革，推動俄國逐步走向現代化。

巴巴里海盜 巴巴里海盜是以突厥人和摩爾人為主組成的海盜，活躍於地中海。他們得到了奧斯曼土耳其的支持，將北非阿爾及爾等港口作為基地，打劫歐洲商船，對過往船隻收取保護費。

最早的殖民地 1415年，葡萄牙佔領北非的休達，這是歐洲人在非洲建立的最早的殖民地。

桑海帝國 15~16世紀，西非的桑海帝國國力強盛，廷巴克圖是北非重要城市和商貿中心。16世紀末因遭摩洛哥人侵而瓦解。

非洲西海岸的殖民地 繼葡萄牙後，英、法、荷等國紛紛用武力在非洲西海岸建立數量眾多的殖民地，作為貿易港口。

貝寧帝國 始建於10世紀的貝寧帝國位於今尼日利亞境內，繁榮昌盛。貝寧人製造了大量青銅器和象牙藝術品。

剛果王國 14世紀在剛果河下游出現了帶有部落聯盟性質的國家——剛果王國。15世紀末，葡萄牙人到達剛果，多次與當地人發生衝突，並導致剛果王國在17世紀開始衰落。

隆達與葡萄牙人貿易 18世紀時，中部非洲的隆達王國與葡萄牙人進行頻繁的貿易活動，輸出奴隸、象牙、銅錠、棕櫚布，以換取武器及工業產品等。

開普敦殖民地 1652年，荷蘭在開普敦及其鄰近地區建立殖民地，成為歐洲國家向非洲內地擴張的重要據點。

地圖圖例
● 沿海地區殖民地

地名標註：
阿爾及爾　突尼斯　地中海
休達　的黎波里
加那利群島　摩洛哥　撒哈拉沙漠
阿爾及爾
阿爾今　桑海
聖路易　尼日爾河
戈雷島
岡比亞　塞古　豪薩諸邦　乍得湖　瓦代　達爾富
卡謝烏
弗里敦　莫西諸國　博爾努
阿散蒂　維達　貝寧
海岸堡角
阿克西姆　阿克拉　黃金海岸
塔科拉迪
費爾南多波島
普林西比島
聖多美島
盧安戈　剛果河　庫巴
羅安達　剛果
本格拉　隆達　盧
開普殖民地
開普敦

大西洋

奧斯曼擊敗埃及 1517年1月，奧斯曼帝國軍隊在開羅城郊大敗埃及馬木留克軍隊，馬木留克王朝滅亡。奧斯曼土耳其的勢力隨後不斷向西拓展。

非洲：災難降臨

　　大航海時代之前的非洲，處於相對封閉的狀態，只有來自中國和歐洲的少量商船到達北非各港口。從1415年開始，西方殖民者和探險家紛至沓來，沿着非洲東西海岸向南航行，並沿途不斷建立殖民地。從此，非洲逐漸成為西方資本主義世界的附庸。

　　殖民者在非洲掠奪黃金，販賣奴隸。最早將奴隸運往美洲的是西班牙，它通過奴隸貿易獲取了巨額財富。英法等國不甘人後，也紛紛涉足奴隸貿易。到19世紀，非洲喪失了近一億人口。

阿拉伯商人 阿拉伯商人駕駛巨大的商船，往返於印度、阿拉伯半島和波斯灣之間，從事貿易活動，並從中獲取了豐厚利潤。

最早的奴隸貿易 1441年，葡萄牙人到達非洲，在返航時帶回10個黑人奴隸。這是歐洲歷史上的第一次奴隸貿易。

耶穌會傳教士 1557年，來自歐洲的耶穌會傳教士到達埃塞俄比亞，勸說當地人信奉天主教。

基爾瓦 基爾瓦是非洲東海岸的重要城鎮，建有清真寺。16世紀初，葡萄牙人在此建立殖民地，並大肆掠奪。

依靠販奴崛起的城市　包括西班牙、荷蘭、英國、法國在內的很多歐洲國家都在販奴貿易中大發橫財。很多城市，如利物浦、布里斯托爾、倫敦等都借助販奴貿易而獲益。

三角貿易　奴隸販子將槍支和棉布等工業產品運往非洲西海岸，換取奴隸，再將奴隸運往中北美洲，賣給種植園主。之後，他們攜帶着金銀和農產品回國。此行利潤在100%～300%左右，非常豐厚。

海地革命　由於長期遭到殖民者的殘酷壓榨和歧視，1790年，海地爆發了黑人奴隸反抗法國和西班牙的奴隸制度的革命。革命最終取得勝利，並在海地建立了獨立的共和國。

種植園興起　種植園是種植單一經濟作物的大規模的密集型商品農業。英、法、荷等國在美洲開闢了大量種植園，種植煙草、藍靛和棉花等歐洲市場上緊俏的商品，並使用失去人身自由的奴隸為種植園主提供無償勞動。

印第安人被屠殺　西歐國家在美洲搶奪財富，奴役當地印第安人，遭到反抗後遂對印第安人進行大肆屠殺，這是導致美洲土著人口大量減少的原因之一。

隨行的鯊魚　在販奴船上死亡的奴隸會被扔進海中，這導致了航行中的販奴船往往有很多鯊魚隨行，隨時準備吞噬奴隸的屍體。

地圖圖例

→　16~19世紀奴隸貿易的主要方向

■　西歐國家的殖民地

•　歐洲殖民者的殖民據點

<u>奴隸海岸</u>　主要的奴隸集運地

北美洲　美國　波士頓　紐約　費城　查爾斯頓

紐芬蘭島

英國　利物浦　布里斯托爾　倫敦

法國　葡萄牙　西班牙　里斯本

撒哈

亞速爾羣島　馬德拉羣島　加那利羣島

西印度羣島　牙買加島　海地島　巴巴多斯島

佛得角羣島

大　西　洋

阿爾古因　聖路易　格雷島　詹姆斯堡　卡謝島　邦斯　弗里敦　塞內岡比亞　岡比亞　聖約瑟夫　西蘇丹　<u>胡椒海岸</u>　<u>象牙海岸</u>　巴達格里　阿克拉　維達　<u>黃金海岸</u>

亞馬遜河　巴西　累西腓　巴伊亞　里約熱內盧

南美洲　太平洋

奴隸貿易

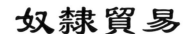

隨着美洲大量種植園的建立，勞動力日益缺乏，這就為奴隸貿易提供了契機。英、法、荷等國從非洲擄掠或廉價換取非洲黑人，運往美洲出售。奴隸貿易在17～18世紀達到高峰，大量的非洲黑人被販賣至美洲。奴隸貿易為西方殖民者創造了巨額財富，同時造成非洲大批勞動力流失，經濟長期蕭條。

挑唆非洲人內鬥 西方殖民者向非洲酋長提供槍支，鼓動他們攻擊其他部落，然後用廉價商品換取俘虜。

歐洲人踏入美洲 哥倫布橫渡大西洋，開闢了從歐洲前往美洲的新航路。此後，大批歐洲人紛紛踏上美洲，尋求致富良機。

販奴船 黑人奴隸被戴上胸鐐手銬後，被塞進擁擠污濁的木製販奴船中，運往美洲。

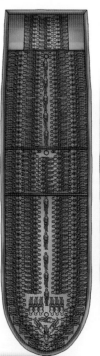

烙印 奴隸販子先用燒紅的烙鐵在奴隸的胳膊和前胸打上烙印，然後將奴隸押上販奴船，運往美洲。

奴隸暴動 奴隸販子的罪惡行徑時常激起奴隸的反抗，在英國和美國販奴船上爆發過多次奴隸暴動。

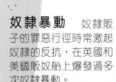

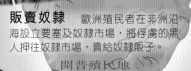

販賣奴隸 歐洲殖民者在非洲沿海設立要塞及奴隸市場，將俘虜的黑人押往奴隸市場，賣給奴隸販子。

死亡航線 販奴船內空氣污濁，飲食惡劣，流行病猖獗，導致40%以上的奴隸在途中死亡。

霍布斯（1588～1679年） 英國思想家。他認為國家不是根據神的意志而是人民通過契約的形式創造的，君權並非神授，而是由人民授予。這些思想成為啟蒙思想的萌芽。

洛克（1632～1704年） 英國思想家。他提出國家的目的是保護私有財產，不應干涉公民的私有財產。他還最早提出三權分立的思想，後來被孟德斯鳩繼承和發展。

胡克（1635～1703年） 英國科學家。1665年，胡克用自製的複合顯微鏡觀察軟木薄片，發現了細胞，並命名為「cell」，一直被沿用至今。胡克也被稱為微生物學之父。

牛頓（1643～1727年） 英國著名物理學家。提出了萬有引力定律和三大運動定律，發明反射望遠鏡，還與萊布尼茨分享了發現微積分學的榮譽，是百科全書式的「全才」。

潘恩（1737～1809年） 英裔美國作家。1776年，撰寫《常識》，揭露英國對美國的壓迫，推動了美國獨立運動，影響了法國大革命。

92

大
西
洋

亞當·斯密
愛丁堡
休謨
白恩斯
艾德斯米斯

都柏林
綏夫特
波義耳

北 海

哥本哈根
羅塞

利物浦
理查遜
牛頓

伯明翰
約翰遜　德萊登
布里斯托爾
雷恩　倫敦
菲爾丁　洛克　霍布斯
詹奈
胡克
波普　笛福
密爾頓　吉本

潘恩
利文烏克
萊頓　阿姆斯特丹
鹿特丹　斯賓諾莎
倫勃朗
明斯特

漢堡
易
北
河
柏林

漢諾爾　哈勒
巴赫　愛爾福特

法蘭克福
歌德

紐倫堡
開普勒　格呂克

康布雷
民托
孔多塞
巴黎　莫里哀
拉辛　拉瓦錫　伏爾泰

塞
納
河

雷恩

羅
亞
爾
河

笛卡爾 河

第戎
狄德羅

萊
茵
河

墓利特
薩爾茨堡

比斯開灣

孟德斯鳩
巴斯葛爾
波爾多

日內瓦
盧梭
里昂

米蘭　帕多瓦

熱那亞
波倫亞
馬爾比基

馬賽

里斯本
馬德里
塔
古
斯
河

塞爾維拉

科西嘉島

羅馬

那

格拉納達

巴利阿里羣島

薩丁尼亞島

卡利阿里

地
中

西西里島
巴勒莫

海

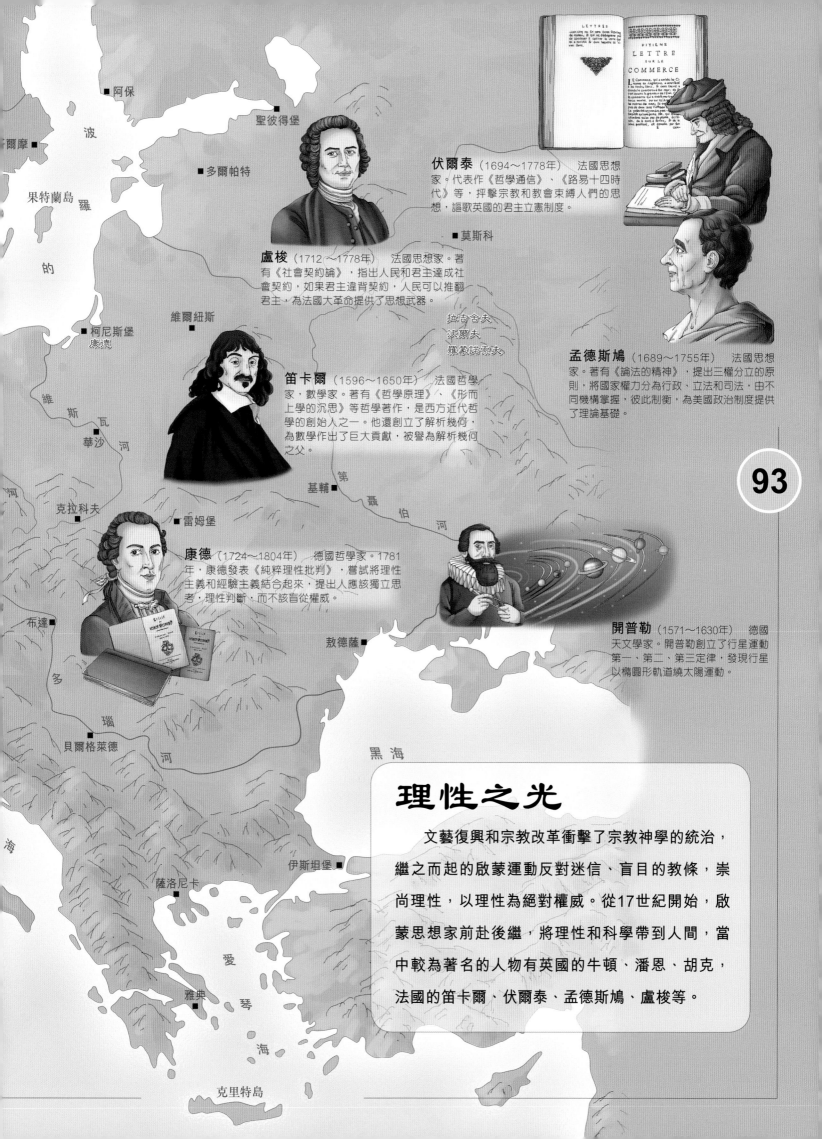

伏爾泰（1694～1778年） 法國思想家。代表作《哲學通信》、《路易十四時代》等，抨擊宗教和教會束縛人們的思想，謳歌英國的君主立憲制度。

盧梭（1712～1778年） 法國思想家。著有《社會契約論》，指出人民和君主達成社會契約，如果君主違背契約，人民可以推翻君主，為法國大革命提供了思想武器。

孟德斯鳩（1689～1755年） 法國思想家。著有《論法的精神》，提出三權分立的原則，將國家權力分為行政、立法和司法，由不同機構掌握，彼此制衡，為美國政治制度提供了理論基礎。

笛卡爾（1596～1650年） 法國哲學家，數學家。著有《哲學原理》、《形而上學的沉思》等哲學著作，是西方近代哲學的創始人之一。他還創立了解析幾何，為數學作出了巨大貢獻，被譽為解析幾何之父。

康德（1724～1804年） 德國哲學家。1781年，康德發表《純粹理性批判》，嘗試將理性主義和經驗主義結合起來，提出人應該獨立思考，理性判斷，而不該盲從權威。

開普勒（1571～1630年） 德國天文學家。開普勒創立了行星運動第一、第二、第三定律，發現行星以橢圓形軌道繞太陽運動。

理性之光

　　文藝復興和宗教改革衝擊了宗教神學的統治，繼之而起的啟蒙運動反對迷信、盲目的教條，崇尚理性，以理性為絕對權威。從17世紀開始，啟蒙思想家前赴後繼，將理性和科學帶到人間，當中較為著名的人物有英國的牛頓、潘恩、胡克，法國的笛卡爾、伏爾泰、孟德斯鳩、盧梭等。

北美獨立戰爭

1607年，英國人在北美大西洋沿岸建立第一個殖民地——弗吉尼亞。到18世紀30年代，英國人已經在北美建立了13個殖民地。英國政府對北美殖民地採取高壓政策，雙方矛盾日益尖銳。1775～1783年，北美殖民地人民在華盛頓的領導下，終於擊敗英軍，結束了英國的殖民統治，實現獨立，建立了美利堅合眾國。

印花税法 為籌集軍費，1765年，英國議會通過法案，對殖民地各種印刷品徵稅。由於交稅憑證是一枚印花，因此該法案稱為「印花稅法案」。

大陸會議 1774年，北美第一屆大陸會議在費城召開，各殖民地派代表參加，開始聯合反抗英國。1775年，北美第二屆大陸會議在費城舉行，1776年通過了《獨立宣言》，標誌着美國誕生。

拉法耶特（1757～1834年） 法國貴族。美國獨立戰爭爆發後，自願趕往美國支援美國獨立運動。戰爭期間，他立下了很多軍功。他受到美國民眾廣泛的紀念。

《巴黎條約》 1783年9月3日，英王代表與北美代表在法國凡爾賽宮簽署《巴黎條約》，英國正式承認美利堅合眾國。

大陸軍 1775年，根據大陸會議的決議，北美民兵組建大陸軍，由華盛頓擔任總司令，成為抗擊英軍的主要力量。戰後，大陸軍大部分解散。

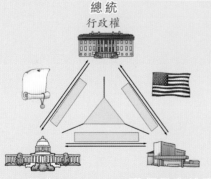

總統
行政權

國會
立法權

聯邦最高法院
司法權

三權分立 美國實行三權分立的政治體制，總統掌握行政權，國會掌握立法權，聯邦最高法院掌握司法權，相互制衡，彼此牽制。

1787年憲法 1787年，美國各州代表在費城召開制憲會議，制定了憲法草案。憲法體現了聯邦制原則、分權與制衡的原則，奠定了美國政治制度的法律基礎。

《獨立宣言》 1776年7月4日，第二屆大陸會議批准了《獨立宣言》，歷數英國暴行，宣揚主權在民的思想，宣告美利堅獨立。

蘇必利

德盧斯

密歇根湖(密執安)

芝加哥

路易斯安那

密西西比河

蘇里

馬謝克堡

田納西

伯明翰

西佛羅里達
(西)

墨西哥灣

列克星敦的槍聲 1775年4月，英軍偷襲反英組織的軍火庫，在列克星敦遭到了民兵的頑強狙擊。列克星敦的槍聲，揭開了美國獨立戰爭的序幕。

薩拉托加戰役 1777年9月，1.8萬英軍被美軍和游擊隊圍困在薩拉托加，經過苦戰，10月17日，5000多英軍投降。薩拉托加大捷成為美國獨立戰爭的轉捩點。

波士頓慘案 1770年3月，英國殖民軍與波士頓民眾發生衝突，造成了5名當地居民死亡。波士頓慘案發生後，北美各殖民地居民紛紛起來抗議英軍駐紮，掀起了反英鬥爭。

華盛頓（1732～1799年） 華盛頓領導殖民地人民擊敗英軍。1787年主持制憲會議，制定美國憲法。1789年當選為美國首任總統，被尊為「國父」。

奇襲特倫頓 1776年底，華盛頓利用英軍疏於防範的有利時機，率軍在聖誕之夜偷渡特拉華河，奇襲特倫頓，俘虜英軍近千人。美軍士氣為之一振。

波士頓傾茶事件 英國東印度公司壟斷北美茶葉運銷，引發北美人民不滿。1773年，波士頓人化裝成印第安人潛入英國茶船，將茶葉全部傾倒入海。此舉激化了英國和殖民地的矛盾。

約克鎮大捷 1781年，華盛頓統率的美軍和法國羅尚博伯爵指揮的法軍包圍了約克鎮的南方英軍主力。英軍走投無路，只能投降。英國議會被迫贊成議和。

「五月花」號 1620年，英國「五月花」號帆船運載着102人，從英國的普利茅斯駛往北美。他們在船艙內制定了《五月花公約》，承諾遵守共同的法律和法令。

加拿大（英）

休倫湖
安大略湖
底特律
匹茲堡
賓夕法尼亞
俄　河
安人保留地
弗吉尼亞
里士滿
約克鎮
1763年公告線（歐洲移民與印第安人分界線）
吉爾福特
北卡羅萊納
康彭斯
南卡羅萊納
佐治亞
查爾斯頓
薩凡納
東佛羅里達（西）

魁北克
倫斯河
勞聖
蒙特利爾
柏寧頓
薩拉托加
紐約
新罕布什爾
薩諸塞
麻　州
康科德
列克星敦
波士頓
羅得島
康涅狄格
紐約
長島
特倫頓
費城
新澤西
巴爾的摩
馬里蘭
切薩皮克灣

大　西　洋

95

地圖圖例

.... 英屬十三個殖民地

——— 巴黎和約劃定的美國國界

第一次工業革命

1764年，「珍妮」紡紗機的出現標誌着世界由此步入了機器時代。不久後，改良型蒸汽機為工業革命提供了穩定動力，推動了工廠的普遍設立。城市急速擴張，工業品產量急劇增加，人類的生產技術出現了革命性變革，這使得整個世界開始從原始的農業社會逐步過渡到發達的工業社會。

《國富論》 1776年，蘇格蘭經濟學家亞當·斯密出版了《國富論》，提出了勞動價值論，反對國家干預，加強價值規律的調節作用。

國富論

「霧都」 20世紀初，倫敦工廠密佈，主要用煤作燃料，產生大量煙霧，加上氣候因素，導致城市終日煙霧籠罩，成為「霧都」。

「珍妮」紡紗機 1764年，英國紡織工人哈格里夫斯發明了「珍妮」紡紗機。該紡紗機可以使一個紡輪帶動八個紡錠紡紗，大大提高了紡紗效率。

騾機 1779年，英國工人克隆普頓發明騾機。它集水力紡紗機和「珍妮」紡紗機的優點於一身，紡出的紗細緻又牢固，而且以水力為動力，效率高。

改良型蒸汽機 1785年，英國發明家瓦特成功改良的蒸汽機大規模投入使用。

工廠 蒸汽機可以持續提供強大穩定的動力，推動多台機器同時運轉。資本家僱傭更多工人，組織大規模生產，工廠開始大批出現。

蒸汽輪船 1807年，美國發明家富爾頓製造的「克萊蒙特」號蒸汽輪船試航成功，蒸汽輪船將木製帆船送進了博物館。

大 西 洋

格拉斯哥

利物浦　利茲　斯卡伯
曼徹斯特
伯明翰　金斯村
伊普斯威
普利茅斯　倫敦
奧斯
多佛
加萊
勒阿弗爾
亞
塞納
河
巴黎
昂熱　奧爾良
南特　羅　亞　爾　河
利摩日
比斯開灣
聖艾蒂安
奧維耶多
畢爾包
亞威
卡爾莫
里斯本
塔　古　斯　河
馬德里
馬塔羅
巴塞隆拿
阿蘭胡埃斯
巴利阿里羣島
直布羅陀

地圖圖例

● 工業中心

—— 1851年前建成的主要鐵路

人口流動 隨着工廠規模的擴大和數量的增加，大量人口從農村來到城市工作，使城市的地位愈來愈重要。這一時期的英國遍地都是冒着濃濃黑煙的新興工業城鎮。

聖彼得堡

莫斯科

童工 由於兒童可以在狹小的空間內工作，還可以節約勞動力成本，很多工廠都僱用廉價的童工。1833年，英國政府制定《工廠法》，禁止使用未滿9歲的童工。

世界工廠 19世紀中期，英國率先完成工業革命，機器生產極大提高了生產效率。在武力的支持下，英國從世界各地購買原料，輸出工業品。

法國工業革命 19世紀中葉，法國從英國引進蒸汽機等工業設備並迅速推廣應用，工業得到快速發展。

基爾
漢堡
不來梅
斯塞新
奧得河
易北河
柏林
漢諾威
波茲南
維斯瓦河
埃森
卡塞爾
萊比錫
華沙河
科隆
法蘭克福
德累斯頓
科爾福
布勒斯勞
美因茨河
維爾茨堡
布拉格
卡托維茲
卡爾斯魯厄
斯特拉斯堡
斯圖加特
布爾諾
克拉科夫
倫貝格
巴塞爾
慕尼黑
蘇黎世
薩爾茨堡
維也納
因斯布魯克
基輔
聶伯河
米蘭
特倫托
布達佩斯
敖德薩
帕多瓦
威尼斯
的里雅斯特
多瑙河
里窩那
佛羅倫斯

亞得里亞海

科西嘉島
羅馬

黑海

亞速海

鐵路運輸 1825年，史蒂芬孫用蒸汽機車運載450名旅客從達靈頓到達斯托克頓，鐵路運輸自此誕生，是人類運輸史上的重大革命。

第勒尼安海

那不勒斯
波蒂奇

西西里島

中

海

美國第一條鐵路 1830年5月24日，美國第一條鐵路——巴爾的摩—俄亥俄鐵路投入運營，總長度約21公里。

加拿大自治領 七年戰爭期間，英國人趕走法國人，使加拿大成為英屬殖民地。1867年，加拿大成為英國自治領。

格陵蘭島

美國
阿拉斯加

加拿大
（英自治領）

冰島

紐芬蘭
（英自治領）

紐芬蘭島

美國

密西西比河

華盛頓

亞速爾羣島

阿富汗的抗爭 1838～1842年、1878～1880年，英國先後兩度入侵阿富汗，但遭到了阿富汗人的堅決抵抗，後來被迫撤出。

百慕達羣島（英）

巴哈馬羣島（英）

英屬洪都拉斯

牙買加島（英）

巴巴多斯島（英）
千里達島 （英）
委內瑞拉
英屬圭亞那

哥倫比亞

大

加那利羣島

佛得角羣島
（英）

岡比亞
（英）

英

法

塞拉利昂
（英）

黃金

加拉帕戈斯羣島

厄瓜多爾

亞馬孫河

西

控制蘇彝士運河 1875年，英國購買了蘇彝士運河40%的股份。1882年，英國佔領埃及後直接控制了運河。1888年，運河成為英國保護下的中立區。

太　平　洋

利馬

巴西

阿森松島

玻利維亞

里約熱內盧

洋 聖海倫娜
（英）

皮特凱恩羣島
（1888年屬於英）

巴拉圭

聖地亞哥

特里斯坦達庫尼亞島

戈夫島
（英）

阿根廷

烏拉圭

「日不落帝國」

自1588年擊敗西班牙「無敵艦隊」後，英國逐漸成為新興的海上強國，之後相繼打敗了海上強國荷蘭和法國，正式確立海上霸權。在鼎盛時期，英國在全球各大洲都有殖民地，面積相當於英國本土面積的100倍，數量眾多的殖民地為英國工業發展提供了源源不斷的原料和龐大市場，英國人稱自己的國家為「日不落帝國」。

德雷克海峽

戴維・利文斯通
（1813～1873年）
蘇格蘭傳教士。1841～1873年，戴維・利文斯通多次深入非洲探險，致力於傳教和拯救非洲奴隸。他還發現了維多利亞瀑布和馬拉維湖。

輸出棉布 英國建造了大量棉紡織工廠，每年向世界各地輸出大量棉紡織品，對落後地區的棉紡織產業造成巨大衝擊。

北 冰 洋

柏林會議 1884年11月15日，在德國主持下，英、法、德等15個國家召開瓜分非洲的柏林會議，確立了列強維護在非洲既得利益、共同瓜分非洲的原則。

勒拿河

鄂畢河

俄 羅 斯 帝 國

■ 聖彼得堡

伏爾加河

■ 莫斯科

奧匈帝國

奧斯曼帝國

埃及（1882年英佔領）

利比亞

尼羅河

伊朗

阿富汗

北京

黃河

中 國（清）

朝鮮

日本

強租威海衛 1898年，英國強迫清政府簽署《訂租威海衛專條》，強租威海衛，租期為25年。

佔據香港 1842年，第一次鴉片戰爭過後，英國通過《南京條約》割佔香港島，後來又相繼割佔九龍半島和新界，使香港成為英國在亞洲重要的貿易港口。

科威特（英）

阿曼（英）

哈達拉毛（英）

印度河

印 度（英）

緬甸

長 江

法屬印度支那

太

99

英埃蘇丹

埃塞俄比亞

英屬索馬里

暹羅

錫蘭

英屬馬來亞

新加坡

馬紹爾群島

加羅林群島

吉爾伯特群島（英）

平

烏干達

英屬東非

德屬東非

馬爾代夫群島（英）

塞舌爾群島（英）

查戈斯群島（英）

所羅門群島（英）

埃利斯群島（英）

比屬剛果

安哥拉

羅德西亞

西南非洲

貝專納

印 度 洋

毛里裘斯島（英）

留尼旺島

馬達加斯加

荷屬東印度

洋

新赫布里底群島（英、法）

斐濟（英）

湯加（英）

澳 洲（英自治領）

南非聯邦（英自治領）

斯威士蘭

巴蘇陀蘭

新西蘭（英自治領）

印度民族大起義 從18世紀60年代開始，印度的政治經濟被英國控制。英國的壓榨激起印度人強烈不滿。1857 年5月，印度爆發民族大起義，但由於起義者的內部爭執及英國殖民者的收買政策，起義於1859年4月失敗。

控制新西蘭 1840年，英國誘迫毛利人酋長簽署了《威坦哲條約》，促使新西蘭接受英國法律體系管轄。同年，新西蘭成為英國領地。

英布戰爭 為爭奪南非領土和資源，英國同布爾人於1899～1902年爆發了戰爭。布爾人戰敗，英國確立了在南非的霸權。

開普敦 1814年，英軍擊敗荷蘭，奪得非洲南部的開普敦殖民地。從此，英國控制了出入印度洋的咽喉要道。

南 極 洲

地 圖 圖 例

18世紀末至19世紀初英國及其殖民地

——未定 今中國界

清朝的衰落

　　1840年，大英帝國用堅船利炮轟開了古老中國的大門，挑起了第一次鴉片戰爭。此後，第二次鴉片戰爭、中法戰爭、中日戰爭、八國聯軍之役，一次次給中華民族帶來沉重的災難。外國列強強迫中國簽訂了一系列不平等條約，使中國的主權和領土不斷被蠶食，中國逐步淪為列強瓜分豆剖的目標。

「使館界」　《辛丑條約》規定，在北京東交民巷設立「使館界」，界內不允許中國人居住，由各國派兵保護，「使館界」成了「國中之國」。

拆毀炮台　《辛丑條約》規定，拆毀北京至大沽口的炮台，由各國派兵駐紮在北京至山海關的沿線要地，將其置於列強的武裝控制之下。

八國聯軍之役　1900年，英、美、俄、日等國聯合發動戰爭，從天津至北京沿途燒殺搶掠，清廷戰敗，被迫簽署《辛丑條約》。

割讓台灣　甲午戰爭中，日本戰勝，強迫清廷割讓台灣及其附屬島嶼，台灣落入日本管治。

列強對華資本輸出　中日《馬關條約》規定，日本在中國通商口岸設立工廠，產品免稅運銷內地，拓展了列強對華侵略的途徑。

中日甲午戰爭　1894年開始，中日爆發戰爭，北洋水師全軍覆沒，清廷節節敗退，被迫簽訂了《馬關條約》。

火燒圓明園　1860年10月，英法聯軍攻入北京，佔領圓明園，搶劫並焚毀了這座萬園之園。

俄

烏里雅蘇台

迪化

帕米爾

中俄待議地區

阿富汗

■拉薩

尼泊爾　不丹

印度
（英）

地圖圖例

———　中國清時期疆域

未定　今中國界

割讓九龍半島　英國通過中英《北京條約》，強行割佔了九龍半島地方一區，使英國佔領了香港大部分地區。

開放天津　《北京條約》規定，增開天津為商埠，便利外國人傾銷商品。

俄國趁火打劫 俄國趁清政府與英法爆發戰爭的時機，強行割佔了中國北方和西北140多萬平方公里的領土。

虎門銷煙 鴉片走私造成白銀外流。道光帝派林則徐赴廣州禁煙。1839年，林則徐在廣州虎門將收繳的兩萬多箱鴉片公開焚毀。

鴉片輸入 在早期的中英貿易中，中國處於貿易順差。英國為了扭轉逆差，大肆向中國走私鴉片，導致白銀大量外流。

斯

龍江

吉林

奉天

中　國
（清）

黃

京師

保定　天津　渤海

太原

濟南

蘭州

河

開封

西安

朝鮮

東大洋

日本

第一次鴉片戰爭與《南京條約》 1840年英國藉口中國禁煙，挑起侵華戰爭。戰爭持續到1842年，清廷被迫簽訂《南京條約》，喪失了大量權益。

江寧　蘇州

安慶　　　上海

成都

長　　杭州

武昌　　寧波

南昌

長沙

南大洋

赤尾嶼

貴陽

福州　釣魚台

雲南

桂林

廣州　廈門

台灣島
（日佔）

太

割佔香港島 1842年中英《南京條約》規定，香港島割讓給英國，使中國喪失了香港的領土主權。

澳門　香港
（葡佔）（英佔）

東沙

法屬印度支那

羅

西沙

菲律賓
（美）

南　海

石塘

協定關稅 《南京條約》規定，英國商人進口的商品稅率由中英雙方共同商定，中國喪失了關稅自主權。

平

領事駐京 1858年英法與清政府簽署《天津條約》，允許外國公使進駐北京，便於列強直接干預中國內政。

英屬馬來亞

荷屬東印度

洋

五口通商 《南京條約》規定，開放廣州、廈門、福州、寧波、上海為通商口岸，便於外國人傾銷商品。

第二次鴉片戰爭 1856～1860年，英法為了擴大侵略權益，聯手進攻中國，逼迫清廷簽署了《天津條約》和《北京條約》。

允許外國人進入中國內地 《天津條約》規定，允許外國人到中國內地遊歷、經商和傳教。

資本主義制度
在歐洲的擴張

　　自從拿破崙之後，歐洲社會開始陷入持續動盪。在法國，君主制和共和制輪番登場。直至1875年，法蘭西第三共和國頒佈憲法，方才確立法國的共和政體。與此同時，德國和意大利通過王朝戰爭，逐漸走向統一，成為新興的民族國家，並確立了君主立憲制度。而英國此時則繼續進行工業革命，成為世界工廠和世界貿易中心。

維多利亞女王（1819～1901年）　英國漢諾威王朝的最後一任君主。維多利亞女王大力支持對外擴張政策，佔據了眾多殖民地，促進了英國的繁榮。

大不列顛及愛爾蘭聯合王國

都柏林 ■

曼徹斯特 ■

倫敦 ■

「無畏號」戰艦
1906年，英國建造了強大的「無畏號」戰鬥艦，在武器、動力和防護方面進行了革命性設計，戰力突出。

大
西
洋

塞
納
河

亞眠 ■

巴黎 ■

南特 ■

奧爾良 ■

羅
亞
爾
河

法 國

1848年革命　法國人民不滿奧爾良王朝的統治，於1848年發動起義。國王路易·菲利普逃往國外，奧爾良王朝被推翻，法蘭西第二共和國宣告成立。

普法戰爭　1870年，為干涉普魯士領導的德意志統一戰爭，法國和普魯士間爆發戰爭。在色當戰役中，拿破崙三世兵敗被俘，法蘭西第二帝國滅亡。

拿破崙三世（1808～1873年）　拿破崙的姪子。1848年12月，他當選為法國第二共和國總統。1851年，發動政變，翌年稱帝，建立法蘭西第二帝國。

波爾多 ■

《共產黨宣言》　1848年，卡爾·馬克思在倫敦出版《共產黨宣言》，系統闡述了科學社會主義理論，標誌着馬克思主義誕生。

波圖 ■

外

葡

萄

牙

里斯本 ■

塔
古
斯
河

馬德里 ■

安道爾 ■

巴塞隆拿 ■

西 班 牙

MARX
ENGELS

MANIFEST
DER
KOMMU-
NISTISCHEN
PARTEI

巴利阿里羣島

維托里奧·埃馬努埃萊二世（1820～1878年）　撒丁王國國王。1861年，意大利統一後，成為意大利王國第一位國王。

西伯利亞大鐵路　鐵路始建於1891年，1916年全線通車。橫貫俄羅斯東西部國土，連接莫斯科和符拉迪沃斯托克（海參崴），全長9289公里，是世界上最長的鐵路。

克里斯蒂安尼亞（奧斯陸）

挪威

瑞典

斯德哥爾摩

聖彼得堡

波羅的海

丹麥

哥本哈根

里加

立陶宛

莫斯科

德意志帝國憲法　1871年，德意志帝國頒佈憲法，確立德國的君主立憲制度，但皇帝仍然握有很大權力。

俾斯麥（1815～1898年）　普魯士王國首相和德意志帝國宰相。提出「鐵血政策」，領導普魯士通過三次王朝戰爭，統一德意志，建立德意志帝國。

特丹

漢諾威

柏林

易北河

萊

科隆

法蘭克福

盧森堡

河

奧得河

維斯瓦河

明斯克

白俄羅斯

華沙

波蘭

俄國農奴制改革　1861年，俄國沙皇亞歷山大二世簽署法令，廢除農奴制，為俄國工業發展提供了自由勞動力，但改革並不徹底。

俄羅斯帝國

薩多瓦決戰　1866年，普魯士軍隊在薩多瓦擊潰奧地利軍隊，加速了德國統一的進程。

布拉格

薩多瓦

克拉科夫

基輔

聶伯河

烏克蘭

103

慕尼黑

奧地利

維也納

布達

佩斯

克里米亞戰爭　1853年，俄軍入侵奧斯曼帝國。英法和奧斯曼帝國聯合對抗俄國，引發克里米亞戰爭，最終俄軍戰敗。

伯恩

瑞士

列支敦士登

多

匈牙利

敖德薩

亞速海

克里米亞

都靈

威尼斯

羅馬尼亞

塞凡堡

哥

佛羅倫斯

亞得里亞海

波斯尼亞

貝爾格萊德

德涅斯特河

黑海

塞爾維亞

布加勒斯特

保加利亞

科西嘉島（法）

羅馬

意大利

蒙特內哥羅

奧斯曼帝國

錫諾普

薩丁尼亞島（意）

那不勒斯

第勒尼安海

伊斯坦堡

斯庫塔里

朱塞佩·加里波第（1807～1882年）　意大利建國三傑之一，投身於意大利統一運動。1860年他率千餘人遠征西西里島，並多次參與軍事行動，推動意大利統一。

西西里島

巴勒莫

希臘

雅典

愛琴海

奧斯曼帝國衰落　進入19世紀，奧斯曼帝國逐漸衰落，成為歐洲列強爭奪分割的對象。

中海

俄羅斯

1867年購自俄國

加拿大

安克拉治

白令海

阿留申羣島

阿拉斯加灣

亞歷山大羣島

福特T型車 1908年，福特汽車公司製造了第一輛T型車，該車採用流水線製造，價格低廉，使汽車成為普通百姓用得起的交通工具。

飛機誕生 1903年12月，美國萊特兄弟研製的第一架螺旋槳飛機「飛行者」1號試飛成功，飛機在空中共飛行了36米。

狹義相對論 1905年，猶太裔物理學家愛因斯坦提出狹義相對論，認為物體運動時質量會隨着速度增加而增大，時間和空間也會相應發生變化。

104

地圖圖例

1783年的美國

金礦區

南北戰爭重要戰役地點

西雅圖

倫比亞河

阿斯托里亞

波特蘭

1846年奪自英國

尤里卡

大鹽湖

鹽湖城

卡森城

聖弗朗西斯科
（舊金山）

1848年奪自墨西哥

蒙特雷

科羅拉多河

洛杉磯

1853年購自墨西哥

圖森

淘金熱 1848年，美國加利福尼亞州發現金礦，吸引大量淘金者，形成淘金熱。此次淘金熱加快了美國西部地區交通運輸和農牧業的發展。

南北戰爭 1861～1865年，圍繞是否廢除奴隸制問題，美國南北雙方爆發戰爭。北方最終贏得勝利，並廢除了奴隸制。

中途島
1867年佔

太 平 洋

歐胡島

火奴魯魯
（檀香山）

1898年吞併 夏威夷島

太

平

洋

美國崛起

　　獨立戰爭後，美國專心發展經濟。經過百餘年的發展，美國社會發生了重大變化，從最初東海岸的13個殖民地發展成為北美大陸上的主要國家，領土面積不斷拓展。同時，隨着經濟差異的不斷增大，南北方裂痕不斷加深，最終於19世紀中期爆發了內戰，史稱「南北戰爭」。戰爭以北方勝利而告終。統一後的美國，更趨於富有和強盛。

林肯就任總統 1861年3月，林肯就任美國總統。他反對奴隸制，發表了著名的《解放宣言》，並致力於維護美國統一，領導北方打贏了美國內戰。1865年4月，林肯遇刺身亡。

聯合太平洋鐵路 1869年，第一條橫貫北美洲大陸的鐵路——聯合太平洋鐵路建成完工，貫通了美國東西海岸。鐵路穿崇山峻嶺，修建極為艱難。中國工人在鐵路的修築中承擔了最艱苦路段的施工，為鐵路的順利竣工作出了突出貢獻。

路易斯安那州 1803年，美國從拿破崙手裏購買了路易斯安那領地。此後美國政府從路易斯安那領地中先後拆分出了15個州。1812年，路易斯安那州成為美國第18個州。

黃石公園 1872年，美國在懷俄明州的黃石公園建立世界上第一個自然保護區，用以保護野生動物和自然資源。

第一口油井 1859年8月，美國賓夕法尼亞州的泰特斯維爾開採出了美國第一口油井，也有人認為這也是世界第一口油井。

鋪設輸油管線 1874年，美國鋪設世界上第一條輸油管線，從賓夕法尼亞油田到匹茲堡，全長約96.5公里，屬於哥倫比亞管道公司所有。

驅趕印第安人 19世紀30年代，大量印第安人被從美國東部趕往奧克拉荷馬州的居留地。很多印第安人被強制驅離，或被屠殺。

傷膝河大屠殺 1890年12月，美國第七騎兵團在傷膝河大肆屠殺手無寸鐵的蘇族印第安人，上百名印第安人被槍殺。

105

1818年英國割讓

1803年羅貝拉法國

年吞併的墨西哥土地

加　拿　大

蘇必利爾湖

休倫湖

密歇根湖

安大略湖

伊利湖

聖勞倫斯河

奧古斯塔

蒙彼利埃

波士頓

聖保羅

密爾瓦基

芝加哥

底特律

紐約

費城

葛底斯堡

華盛頓

弗里德里克斯堡

里士滿

哥倫布

亥　俄　河

俄　亥

路易斯維爾

法蘭克福

佩里維爾

羅利

戈爾茲伯勒

費耶特維爾

菲舍堡

亨利堡

納許維爾

查塔努加

夏伊洛

田　納　西　河

曼非斯

亞特蘭大

哥倫比亞

薩凡納

維克斯堡

傑克遜

蒙哥馬利

傑克遜維爾

莫比爾

哈德遜港

新奧爾良

奧斯汀

聖安東尼奧

加爾維斯敦

布朗斯維爾

密蘇里河

得梅因

奧馬哈

堪薩斯城

聖路易斯

西　比　西

密

阿肯色河

雷德河

小石城

格蘭德河

沃德河

哥

墨　西　哥　灣

大　西　洋

1810～1822年併自西班牙

巴哈馬群島（英）

電話 1876年3月，美國發明家貝爾發明世界上第一台可用的電話機，並取得專利權。貝爾被譽為「電話之父」。

電燈 1879年10月，美國發明家愛迪生經過反覆試驗，點燃了世界上第一盞有實用價值的電燈，為人類帶來了持久的光明。

亞速爾羣島(葡)

阿爾及爾 1830年，法國佔領阿爾及爾，並將其建設為法屬北非殖民地的統治中心。

馬德拉羣島(葡)

丹吉爾 ■西屬摩洛哥 阿爾及爾

突尼斯

地 中 海

的黎波里 ■ ■班加西

伊夫尼 (西)

摩洛哥

阿爾及利亞

利比亞

埃 及

尼羅河

加那利羣島 (西)

西屬撒哈拉

佛得角羣島 (葡)

達喀爾

法屬西非

尼日爾河

薩伊

乍得湖 ■拉密堡

蘇 丹

科多克 (法紹達)

岡比亞→

葡屬幾內亞

塞拉利昂

利比利亞

黃金海岸 多哥

象牙海岸

尼日利亞

喀麥隆

法屬赤道非洲

剛果河

比屬剛果

烏干達

坎帕拉

維多利亞

德屬 (坦噶尼

利比利亞 1822年，被釋放的美國奴隸移民建立利比利亞（意為「自由」）。1847年，利比利亞宣告獨立，公佈憲法，建立共和國。

幾內亞灣

西屬幾內亞→

普林西比島(葡)●
聖多美島(葡)●

卡賓達→

大

阿森松島(英)

種植可可 19世紀中期，英國人在象牙海岸（即科特迪瓦）大力發展可可種植業，可可產量迅速增加，佔世界總產量的三分之一。

安哥拉

贊比西河

北羅德西亞

索爾茲伯里

南羅德西亞

西

洋

聖海倫娜島(英)

地圖圖例

———	1914年的界線
	獨立國家
	英國殖民地
	法國殖民地
	德國殖民地
	比利時殖民地
	意大利殖民地
	葡萄牙殖民地
	西班牙殖民地
———	布爾人遷徙方向

斯瓦科普蒙德 ■

西南非洲

貝專納

斯威士蘭

金伯利 ■

南非聯邦

■納塔爾

巴蘇陀蘭

祖魯戰爭 1879年，英國和南非的祖魯王國爆發戰爭，雖然祖魯人在初期取得了勝利，但因裝備低劣而最終失敗。1887年英國正式吞併祖魯。

穆罕默德·阿里（1769～1849年）
奧斯曼帝國的埃及省督。19世紀初，阿里領導埃及人抵抗列強侵略，進行改革，發展民族工業，推動埃及復興。後來因列強阻撓而失敗。

英國控制埃及　阿里改革失敗後，埃及逐漸被歐洲國家所擺佈。1882年，英國人侵埃及並徹底控制了埃及。

蘇丹起義　1881年，蘇丹民族英雄馬赫迪率眾反抗英國侵略，並建立了自任元首的神權國家。1885年，馬赫迪逝世後，繼任者哈里發阿卜杜拉繼續領導抵抗，但最終於1898年被英國撲滅。

埃塞俄比亞　1894年7月，意大利人侵埃塞俄比亞。9月，埃塞俄比亞國王孟尼利克二世號召人民奮起保衛祖國。1896年3月，埃軍在阿杜瓦戰役中大敗意軍，保持了國家獨立。

鑽石和金礦　19世紀末，南非相繼發現世界上最大的鑽石礦和金礦，引發歐洲列強紛至沓來。

德屬非洲殖民地　德國統一後，在包括非洲在內的眾多地區建立殖民地。但在1914～1918年的一戰期間，德國在非洲的殖民地基本被英法奪去。

布爾人大遷徙　19世紀30年代，英國奪取開普殖民地。布爾人因不滿英國殖民政策，開始向空曠的草原和納塔爾南部遷徙。

法屬索馬里
亞貝巴
英屬索馬里
西尼亞
（俄比亞）
東非
亞）
摩加迪沙
塞舌爾羣島（英）
桑給巴爾（英）
斯薩拉姆
印
度
科摩羅羣島（法）
比克海峽
馬達加斯加
毛里裘斯（英）
留尼汪島（法）
洋

非洲被瓜分殆盡

　　19世紀之前，非洲大部分內陸地區還是獨立的王國。進入19世紀之後，隨着木材、象牙、鑽石、黃金等資源被大量開採，殖民者蜂擁而入，頻繁發動戰爭，瓜分非洲，搶奪殖民地。到20世紀初，除利比利亞和埃塞俄比亞外，非洲大部分地區已經成為列強的殖民地。

布爾人　布爾人是非洲南部早期荷蘭殖民者的後裔，19世紀中期，他們在南非建立了南非共和國和奧蘭治自由邦。1899年10月，英布戰爭爆發，最終布爾人戰敗，並接受英國統治。

停止奴隸貿易
1890年，在布魯塞爾國際會議上，通過了反奴隸貿易的總決議書，販賣非洲人的奴隸貿易終結。

第一次世界大戰

　　20世紀初，歐洲各國分裂為兩大陣營：以俄國、法國、英國為主組成的協約國陣營和以德國、奧匈帝國為首組成的同盟國陣營。1914年，以奧匈帝國王儲在薩拉熱窩遭刺為導火線，雙方爆發了第一次世界大戰。歐洲主要國家迅速捲入戰火，甚至波及了亞洲、非洲和美洲。戰爭以同盟國的失敗而告終。這場戰爭先後持續了四年，陣亡850多萬人，2000多萬人受傷。戰後重新確立了新的國際秩序——凡爾賽體系。

無畏艦　無畏級戰艦是英國製造的全重型火炮戰列艦，裝備統一型號的大口徑主炮，使用高功率蒸汽機作為動力，威力巨大，在一戰中發揮了重要作用。

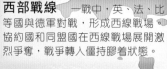

日德蘭海戰　1916年5～6月，英國與德國在丹麥日德蘭半島海域爆發海戰，雙方均出動戰艦大編隊作戰。期間，英軍損失慘重，但德軍亦未能突破封鎖達成預定目標。

西部戰線　一戰中，英、法、比等國與德軍對戰，形成西線戰場。協約國和同盟國在西線戰場展開激烈爭奪，戰爭轉入僵持膠着狀態。

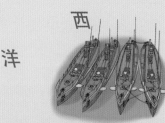

無限制潛艇戰　第一次世界大戰中，德國使用U型潛艇在海上襲擊所有駛往或經過英國的貨船，導致協約國損失慘重。

巴黎和會　1919年，協約國在巴黎召開會議，簽訂包括《凡爾賽和約》在內的一系列和約，確立戰後英美法主導的國際新秩序。

凡爾登戰役　凡爾登位於法國東北部。1916年2～12月，法、德雙方在凡爾登激戰10個月，雙方傷亡近100萬人，最終以法國勝利告終。

停戰協定　11月11日，交戰雙方在法國貢比涅森林的一節火車站簽署停戰協定，一戰結束。

薩拉熱窩事件　1914年6月28日，奧匈帝國皇儲斐迪南大公夫婦在薩拉熱窩被塞爾維亞青年普林西普刺殺，成為第一次世界大戰的導火線。

美國參戰　1917年4月，美國對德宣戰。除派兵參戰外，美國還向英法提供了大量軍事裝備和戰爭物資，扭轉了戰局。

北

英國
都柏林

倫敦　阿姆斯特丹

布魯塞爾
比利

康布雷　塞

納　巴黎　凡爾登
河　聖米

圖爾　　法國

羅　亞　爾　河
　　　　　　貝

大

西

洋

比斯開灣

日

里昂

馬賽

安道爾

葡萄牙

里斯本　　　馬德里
　　　塔古斯河
　　　　西班牙

薩丁尼
（意

巴利阿里羣島
（西）

西屬摩洛哥

摩洛哥
（法）

阿爾及利亞
（法）

地

挪威

瑞典

斯德哥爾摩■

芬蘭

波羅的海

彼得格勒■

愛沙尼亞

里加■

拉脫維亞

立陶宛

哥尼斯堡■

俄國退出一戰　1918年，十月革命後新成立的蘇俄與德國簽署了《布列斯特－立陶夫斯克和約》，俄國自此退出一戰。

威廉二世（1859～1941年）
德意志帝國皇帝。1888年即位後，威廉二世領導下的德國在歐洲迅速崛起，對外推行侵略擴張政策，爭奪殖民地，開展軍備競賽，與英法矛盾激化。

圖拉■

日德蘭半島

丹麥

哥本哈根■

漢堡易■

北河

柏林■
德國

萊比錫■

法蘭克福■

波茲南■
奧得河

維斯

明斯克■
白俄羅斯

第聶伯河

俄　國

庫爾斯克■

瓦波河

華沙■
波蘭

赫爾姆■

基輔■

哈爾科夫■

109

布拉格■

烏　克　蘭

慕尼黑■

維也納■

布達佩斯■

奧　匈　帝　國

多

瑙

威尼斯■　的里雅斯特■

羅馬尼亞

敖德薩■

亞速海

聖馬力諾

亞得里亞海

薩拉熱窩■

貝爾格萊德■

布加勒斯特■

河

黑　海

奧斯曼帝國參戰　1914年10月，奧斯曼帝國向協約國宣戰，與俄國發生戰鬥，但遭到重創。

科西嘉島（法）

羅馬■

意

大

利

蒙特內哥羅

塞爾維亞

阿爾巴尼亞

索菲亞■

保加利亞

博斯普魯斯海峽

奧斯曼帝國

西西里島

意大利投向協約國　1915年，原同盟國成員意大利倒戈投向協約國，對同盟國宣戰，成功地拖住了奧匈帝國部分兵力。

希臘

達達尼爾海峽

愛

琴

海

（意佔）

加利波利之戰　1915年，英法聯軍在奧斯曼帝國的達達尼爾海峽一側的加利波利半島發動登陸作戰，但因計劃失誤而遭到慘敗，被迫撤退。

塞浦路斯島（英）

中斯海

克里特島

北海

挪威海

熊島（挪）　斯瓦爾巴羣島（挪）

法蘭士約瑟

克隆斯塔德起義　駐紮在彼得格勒附近水域的軍港克隆斯塔德的海軍士兵在十月革命中扮演了先鋒角色，但後來實行的戰時共產主義政策引發了水兵們的強烈不滿。1921年，克隆斯塔德水兵發動叛亂，譴責蘇維埃政府，後來被軍事鎮壓。

巴倫支海

攻佔冬宮　1917年11月（俄曆十月），列寧領導工人和士兵在彼得格勒發動武裝起義，攻佔冬宮，推翻了資產階級臨時政府，建立蘇維埃政權。

喀拉海

新地島

波羅的海

奧里韋西湖

塔林　沙
里加　愛
立陶宛　沙尼亞
拉脫維亞
維爾紐斯　克隆斯塔德
列寧格勒
明斯克　彼得羅扎沃茨克
白俄羅斯　卡累利阿－芬蘭
阿爾漢格爾斯克

卡累利阿

第聶伯河

基輔
摩爾達維亞
烏克蘭
基什尼奧夫
敖德薩
第聶伯彼得羅夫斯克
第聶伯河水電站
頓涅茨克
亞速海
羅斯托夫

莫斯科　雅羅斯拉夫爾
伊凡諾沃

處死沙皇　1918年7月，末代沙皇尼古拉二世全家在葉卡捷琳堡被當地蘇維埃政府秘密處死。

蘇聯　1922年12月30日，俄羅斯、南高加索、烏克蘭和白俄羅斯四個蘇維埃社會主義共和國聯合成立蘇維埃社會主義共和國聯盟，簡稱蘇聯。

110

第聶伯河水電站　1927～1939年，蘇聯在烏克蘭第聶伯河下游修建水電站。第聶伯河水電站年平均發電量為30億千瓦·時，是當時世界上最大的水電站。

烏里揚諾夫斯克
薩拉托夫
喀山
古比雪夫
伏爾加河

烏拉爾山脈

鄂畢河

斯維爾德洛夫斯克
葉卡捷琳堡
車里雅賓斯克

蘇維埃

黑海
高加索山脈
亞美尼亞
第比利斯
埃里溫
阿塞拜疆
巴庫
裏海

烏拉爾河

二月革命　1917年3月，俄國工人和士兵爆發革命，因發生於俄曆二月，故稱「二月革命」。二月革命推翻了專制的羅曼諾夫王朝，建立資產階級臨時政府。

列寧（1870～1924年）　俄國無產階級革命的領導者。他宣傳馬克思主義，領導十月革命，締造了第一個社會主義國家，並領導俄國人民粉碎國內外叛亂，進行經濟建設。

哈薩克

額爾齊斯河

新西伯利亞

鹹海

卡拉干達

阿什哈巴德

巴爾喀什湖

烏茲別克

錫爾河

阿姆河

塔什干

吉爾吉斯
伏龍芝
阿拉木圖

Panzerkreuzer „Potemkin"

「波坦金」號戰艦　1905年6月14日，俄國黑海艦隊「波坦金」號戰艦上的士兵拒絕吃發臭的牛肉，與軍官發生衝突。後來，衝突演變為水兵起義，嚴懲了暴虐的軍官，影響巨大。

致命打擊　在第一次世界大戰中，俄國遭到致命打擊，死傷無數，喪失大量勞動力，工業生產銳減，農業萎縮，社會矛盾激化。

英美干涉　一戰結束後，英、美等11國武裝干涉俄國革命，並協助「白軍」攻打蘇俄「紅軍」，到1920年基本被「紅軍」粉碎。

北地羣島

拉普捷夫海

東西伯利亞海

白令海

大饑荒 1932～1933年，由於烏克蘭和中亞糧食連續歉收以及史太林農業集體化的負面影響，蘇聯出現大面積饑荒，餓殍遍野，人相食。

國旗 蘇聯國旗是一面紅旗，左上角繪有交叉的鐮刀和錘子以及一顆金邊紅星。鐮刀和錘子代表農民和工人階級的聯盟，紅星代表蘇聯共產黨。

勒拿河

新經濟政策 1923年起，蘇聯政府實行新經濟政策，恢復商品經濟和自由市場。蘇聯市場重新繁榮起來。

111

戰時共產主義 為了對抗國內外反動勢力，蘇維埃政權實行戰時共產主義政策，徵集農民糧食，取消商品貿易，改由國家配給。引發農民不滿，後被廢除。

鄂霍次克海

薩哈林島
（庫頁島）

千島羣島

斯 聯 邦

主 義 共 和 國 聯 盟

河 **集體農莊** 1929～1930年，蘇聯在農村大力推行集體農莊，把分散的農民集中到大農莊裏進行集體生產，所有生產資料歸集體所有，土地為國家所有。

史太林（1879～1953年）蘇聯共產黨和蘇聯政府領導人，國際共產主義運動活動家。領導蘇聯紅軍擊敗軸心國，取得衛國戰爭的勝利。

黑龍江

貝加爾湖

俄國的裂變

十月革命前的俄國工業發展水平滯後，貧富分化巨大，社會矛盾尖銳。同時沙皇不斷發動對外戰爭，造成大量傷亡，民窮財盡。1917年3月（俄曆二月），革命爆發，一舉推翻了統治俄國的羅曼諾夫王朝，建立資產階級臨時政府。但臨時政府繼續參加一戰，鎮壓工人運動。1917年11月（俄曆十月），工人和士兵再次發動起義，推翻資產階級臨時政府，建立蘇維埃政權，一個嶄新的社會主義國家誕生。蘇維埃政權大力發展工農業，使經濟和軍事力量迅速發展，逐漸成為重要強國。

衛國戰爭 1941～1945年，納粹德國進攻蘇聯，蘇聯人民奮起反抗。經過艱苦的鬥爭，終於取得勝利。

動盪中的中國

　　20世紀初的中國，外有列強瓜分侵略，內有清廷腐敗無能，民不聊生。1911年，辛亥革命爆發，推翻了清王朝，建立中華民國。民國初期，軍閥割據混戰，社會依然動盪。1921年，中國共產黨成立。1924年，國民黨與共產黨實現第一次聯合，共同北伐。1927年，國共第一次合作宣告破裂。

　　從1931年日本佔領中國東北起，中國人民進行了艱苦卓絕的十四年抗戰。抗戰勝利後，1946年爆發了內戰。經過為期三年零九個月的戰爭，1949年10月1日，中華人民共和國成立。

長征　1934～1936年，中國工農紅軍為了擺脫國民黨的圍追堵截，進行了兩萬五千里長征，最終抵達陝北地區。

■迪化

帕米爾

■拉薩

印　度　洋

南京臨時政府　1912年元旦，南京臨時政府正式成立，孫中山任臨時大總統。臨時政府實行總統制，並未設置內閣總理。

黃花崗起義　1911年4月27日，黃興率同盟會精銳力量猛攻兩廣總督衙門，遭到清廷鎮壓，起義失敗。72具遺骸被收葬於廣州東郊黃花崗，故稱黃花崗起義。

武昌起義　1911年10月10日，駐守武昌的新軍發動起義。經過激戰，起義軍佔領武漢三鎮，敲響了清廷滅亡的鐘聲。

四川保路運動　1911年5月，清廷強行收回民間集資興辦的粵漢鐵路和川漢鐵路，引發四川人民的反抗浪潮，成為辛亥革命的前奏。

清帝退位　1912年2月12日，清朝末代皇帝溥儀正式宣告退位。統治中國長達268年的清王朝壽終正寢。

北伐　1926年，國民政府決定北伐，消滅吳佩孚、孫傳芳和張作霖等北洋軍閥。初期北伐進展順利，很快打到長江流域，但由於汪精衛與蔣介石「清黨反共」，北伐受阻。

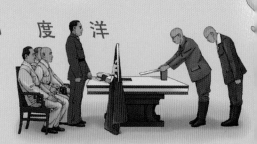

中國戰區日軍投降
1945年9月9日，日本中國派遣軍總司令岡村寧次在南京向中華民國陸軍總司令何應欽遞交投降書，中國抗日戰爭結束。

南京大屠殺 1937年12月13日，日軍攻陷南京。日軍在南京進行了慘絕人寰的大規模屠殺、強姦、縱火、搶劫，殺害中國軍民30多萬人。

九一八事變 1931年9月18日，日本關東軍炸毀瀋陽柳條湖附近南滿鐵路路軌，誣衊中國軍隊破壞鐵路。日本以此為藉口，炮轟瀋陽北大營。次日，瀋陽淪陷。

七七事變 1937年7月7日晚，北平附近日軍藉口士兵失蹤，要求進入宛平城搜查，被守軍拒絕。日軍炮轟宛平，開始全面侵華。

武漢會戰 1938年6～10月，中國軍隊和日本侵略軍在武漢地區展開了武漢會戰。中國軍隊浴血奮戰，傷亡40餘萬人，斃傷日軍20餘萬人。

淞滬會戰 1937年8月13日，日軍進攻上海。中國守軍頑強抵抗，迫使日軍三易統帥，粉碎了日軍「三個月滅亡中國」的美夢。

中共一大 1921年7月23日，中國共產黨第一次全國代表大會在上海法租界秘密召開。因為有法國巡捕介入，會議轉移到嘉興南湖紅船上進行。中共一大的召開標誌着中國共產黨的誕生。

重慶談判 1945年8月29日～10月10日，國共雙方在重慶舉行談判，簽署《雙十協定》。談判給中國人民帶來和平、民主和團結的曙光。

遼瀋戰役 1948年9月～11月，解放軍連續收復東北的錦州、瀋陽和長春等重要城鎮，殲滅改編國民黨軍隊47萬人，解放了東北全境。

淮海戰役 1948年11月～1949年1月，解放軍以徐州為中心，對國民黨發起的戰略性進攻戰役，消滅改編國民黨軍55萬人，基本解放了長江以北大部分地區。

平津戰役 1948年11月～1949年1月，解放軍相繼攻克張家口、天津、唐山等城市，和平解放北平，殲滅俘虜國民黨軍50萬人，基本解放了華北地區。

渡江作戰 1949年4月21日，人民解放軍百萬大軍強渡長江，合圍並殲滅國民黨重兵集團，解放了南京、上海和武漢等大城市，為日後解放華東和華南創造了條件。

新中國成立 1949年10月1日，毛澤東在北京宣告中華人民共和國成立。

千里躍進大別山 1947年8月，劉伯承、鄧小平率軍突破國民黨軍的圍追堵截，到達大別山區，開展機動靈活的運動戰，猶如在國民黨心臟地帶插上了一把尖刀。

庫倫
龍江
長春　吉林
瀋陽
歸綏　張北　承德
北京
黃　天津
河　陽曲　渤海
　　歷城
開封
長安
江寧
武昌　上海
杭縣
長　江
南昌
長沙
貴陽　閩侯
瑞金
昆明　番禺
邕寧
澳門（葡佔）　香港（英佔）　台灣島
海南島
黃海
東海
赤尾嶼
釣魚島
太　平　洋
南　海
成都
皋蘭

狂熱的股市　生產發展使股價大漲，刺激了股市虛假繁榮。股票市場裏擠滿了狂熱的股民，人們紛紛借貸炒股，此舉增加了股市的不穩定性。

「銀河」　為了穩定農產品價格，農場主銷毀大量「過剩」的農產品，把牛奶倒進密西西比河，使這條河變成「銀河」。

黑色星期四　1929年10月24日，星期四，美國華爾街股票股價大跌，投資者紛紛拋售股票，導致股市崩潰，財富大量縮水。

工人失業　經濟危機期間，由於工廠關門歇業，導致工人失業。據統計，美國有1300萬工人失業，佔美國勞動力的1/4。

領取失業保險卡　美國政府實行失業保險制度，對無謀生能力者提供救濟。保險金的來源，一半由工人和僱主交付，一半由聯邦政府撥付。

社會動盪　大量工人失業，生活沒有保障。他們紛紛走上街頭，舉行示威遊行，社會危機加劇，導致社會動盪。

經濟危機中的美國

　　第一次世界大戰後，美國由戰前的債務國搖身一變成為債權國，經濟迅猛發展。在飛速發展背後，美國社會也隱藏着嚴重危機。貧富差距擴大，財富集中在少數人手中，毫無限制的分期付款製造了經濟的虛假繁榮。這種虛假繁榮終於在1929年10月演化成一場突如其來的經濟大危機。大批銀行破產，工廠倒閉，市場蕭條，工人失業，農產品價格下跌，經濟停滯。這場危機迅速波及全球，演變成一場全球性經濟大危機。在危機面前，胡佛政府束手無策，羅斯福臨危受命，加強國家干預，大力整頓經濟，使美國逐漸走出大蕭條的陰影。

分期付款 20世紀20年代，分期付款大行其道，幾乎所有的商品都可以採用分期付款購買。導致分期付款的規模急劇膨脹，增加了金融風險。

貧富分化 20世紀20年代，美國社會3/5的財富掌握在只佔人口總數2%的富人手中，貧富分化嚴重，阻礙了其消費水平的增長。

繁榮的汽車業 20世紀20年代，美國生產的民用小汽車佔全世界總量的85%，平均5人就擁有一輛車，其中，福特T型車因質優價廉尤其受到大眾追捧。

藍鷹標誌 為推動工業復興，美國政府發動「藍鷹運動」。藍鷹一隻腳踩齒輪，一隻腳踩閃電，分別代表工業和能源。凡遵守《全國工業復興法》的企業都可以懸掛藍鷹標誌。

紐約 第一次世界大戰後，美國集中了全球1/3的黃金儲備，使紐約成為與倫敦齊名的世界金融中心。

田納西水利工程 美國政府投資建設田納西水利工程，人們參加工程建設，獲得勞動報酬，這種以工代賑的方式既增加了就業，又推動了公共工程的建設，一舉兩得。

爐邊談話 1933年3月，羅斯福多次坐在爐邊，通過廣播電台向民眾發表「爐邊談話」。他的談話漸漸恢復了人們對金融機構的信任，使美國金融逐漸回暖。

胡佛（1874～1964年） 美國第31任總統。其執政期間，面對經濟危機，仍繼續奉行自由放任的經濟政策，堅持政府有限干預經濟，導致經濟形勢進一步惡化。

羅斯福（1882～1945年） 美國第32任總統。1933年，民主黨候選人羅斯福擊敗胡佛當選為總統後便開始進行大刀闊斧的改革。他的改革穩定了市場，刺激了經濟恢復，使美國逐步擺脫危機。二戰期間，他領導美國人民擊敗了法西斯陣營，維護了世界和平。

《全國工業復興法》 1933年，羅斯福頒佈《全國工業復興法》，監督企業生產，確定企業生產規模和價格水平，防止盲目競爭。

加拿大

蘇必利爾湖

北達科他州

明尼蘇達州

南達科他州

威斯康星州

密歇根州

休倫湖

安大略湖

聖勞倫斯河

緬因州

新罕布什爾州

麻薩諸塞州

康涅狄格州

羅得島州

佛蒙特州

內布拉斯加州

蘇城

艾奧瓦州

密爾瓦基

芝加哥

底特律

伊利湖

紐約州

賓夕法尼亞州

新澤西州

費城

紐約

馬里蘭州

特拉華州

美

國

密西西比河

蘇里密

堪薩斯州

密蘇里州

伊利諾伊州

印第安納州

俄亥俄州

俄亥俄河

西弗吉尼亞州

弗吉尼亞州

華盛頓

丹佛

科羅拉多州

阿肯色河

奧克拉荷馬州

阿肯色州

肯塔基州

田納西州

北卡羅來納州

大西洋

雷德河

德克薩斯州

密西西比河

密西西比州

阿拉巴馬州

田納西河

南卡羅來納州

亞特蘭大

佐治亞州

佛羅里達州

路易斯安那州

休斯頓

新奧爾良

墨西哥灣

邁阿密

巴哈馬

格蘭沃德

墨哥

115

鄧寇克大撤退 1940年5月，英國軍艦和民用船隻在空軍的掩護下，將滯留在法國鄧寇克的33萬英法聯軍運往英國，為日後反擊德國保存了有生力量。

馬其諾防線 法軍耗費巨資，在東部法德邊境修築了綿延數百公里的堅固防禦工事——馬其諾防線，用來防範德國。然而1940年5月，德軍從比利時繞過防線並襲擊防線背部，使其失去作用。

不列顛空戰 1940～1941年，德國為了入侵英國，持續轟炸英國倫敦等城市，給英國造成了巨大財產損失和人員傷亡，但英國並未屈服。後因德國空軍主力轉向蘇德戰場，空戰結束。

美國
阿拉斯加

加拿大

美國

華盛頓 ■

北

挪威 瑞典 芬蘭
■ 列寧格勒
■ 莫斯
丹麥 柏林
英國 德國 波蘭
■ 庫爾斯克
■ 史太
法國 ■ 雅爾達
葡萄牙 西班牙 羅馬
希臘 土耳其
■ 開羅
突尼斯
摩洛哥
阿爾及利亞 利比亞 埃及
愛爾蘭

埃塞俄

西西里島登陸 1943年7月，美英軍隊在意大利西西里島登陸。意大利發生政變，墨索里尼政府垮台。

海地
古巴 多米尼加
洪都拉斯
危地馬拉
薩爾瓦多
尼加拉瓜
哥斯達黎加
巴拿馬

大

西

太 平 洋

洋

阿拉曼戰役 1942年10～11月，英聯邦軍隊在北非的阿拉曼對德意作戰，德意軍隊損失慘重，北非局勢發生轉折。

南非

諾曼底登陸 1944年6月，英美軍隊渡過英吉利海峽，在法國諾曼底登陸，開闢了歐洲第二戰場。

法國淪陷 1940年6月22日，法國貝當元帥與德國簽訂投降協定，法國淪陷。貝當組織維希政府，成為納粹德國的傀儡。

波茨坦公告 1945年7月，英、美、蘇三國首腦在德國波茨坦會晤，敦促日本無條件投降。

德雷克海峽

116

地圖圖例

■ 法西斯軸心國(1940.9.27)

▨ 軸心國控制和侵佔的國家和地區

— 日本控制的最大海域範圍

▧ 聯合國家宣言參加國(1942.1.1)

雅爾達會議 1945年2月，英、美、蘇在蘇聯雅爾達召開會議，簽署《雅爾達協定》，決定徹底消滅法西斯主義，並在此基礎上形成了戰後國際關係的「雅爾達體系」。

開羅宣言 1943年11月，中、美、英首腦在埃及開羅舉行會晤，發表《開羅宣言》，堅持對日作戰。

二戰爆發 1939年9月1日，德國在飛機和大炮的掩護下，採用閃電戰突襲波蘭。英法對德宣戰，二戰爆發。

「巴巴羅薩」計劃 1941年6月，德軍實行快速進攻蘇聯的「巴巴羅薩」計劃，給準備不充分的蘇軍造成沉重打擊。1942年，隨着冬季到來，德軍進攻莫斯科受阻，「巴巴羅薩」計劃失敗。

庫爾斯克會戰 1943年7月，蘇聯軍隊在庫爾斯克重創德軍，挫敗了德軍欲重新奪回戰略主動權的圖謀。庫爾斯克會戰是二戰期間蘇德戰場的決定性戰役之一。

冰　　洋

列寧格勒戰役 從1941年9月起，德軍圍困列寧格勒900多天，但遭到蘇聯軍民的英勇抵抗。1943年1月德軍的包圍圈被蘇軍打破。

蘇聯

阿留申羣島（美）

偷襲珍珠港 1941年12月7日，日本偷襲美國在太平洋的海軍基地——珍珠港，重創美國太平洋艦隊，太平洋戰爭由此爆發。美國捲入二戰。8日，英國、美國對日本宣戰。

中國

廣島　東京
重慶　南京
長崎

印度（英）

緬甸（英）
泰國

中途島（美）

夏威夷羣島（美）

中途島戰役 1942年6月，日軍大舉進攻美軍在中太平洋的重要軍事基地——中途島。但美軍提早破譯了日軍作戰計劃，獲得了戰場主動權，從而取得了勝利。

太　平　洋

馬里亞納羣島（日委任統治）

馬紹爾羣島（日委任統治）

加羅林羣島（日委任統治）

菲律賓（美）

馬來亞（英）

荷屬東印度

吉爾伯特羣島（英）

新幾內亞（澳委任統治）

所羅門羣島（英）

巴布亞（澳）

新赫布里底羣島（英、法）

史太林格勒會戰 1942年7月～1943年2月，德國進攻史太林格勒，遭到蘇聯軍民頑強抵抗。戰役持續200多天，拖延了德軍的進攻步伐，為蘇軍反攻創造了條件。

117

印　度　洋

T-34坦克 從1940年開始，蘇軍開始裝備T-34坦克。該坦克在裝甲、火力和動力等方面性能強悍，是當時最先進的坦克之一。

澳洲

新西蘭

原子彈 1945年8月6日和9日，美國先後向日本的廣島和長崎投擲兩顆原子彈，加速了日本投降的進程。

日軍佔領東南亞 1942年春，日軍已經佔領了新加坡、菲律賓、越南、馬來亞和印度尼西亞等東南亞國家，擊潰了英法等國在東南亞的勢力。

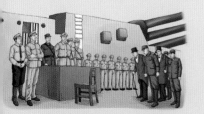

日本投降 1945年9月2日，日本代表重光葵代表日本政府在東京灣內的美國軍艦「密蘇里」號上簽署投降書，向美、蘇、中、英、法等國投降。

第二次世界大戰

　　1939年9月，德國入侵波蘭，英法被迫對德宣戰，第二次世界大戰爆發。戰爭中形成了以英、法、美、蘇、中為主的反法西斯同盟和以德、意、日為主的法西斯同盟。第二次世界大戰席捲了世界大部分地區，先後有61個國家和地區、17億多人口被捲入戰爭。二戰給世界人民造成了沉重災難，據不完全統計，戰爭中傷亡5000多萬人，經濟損失多達4萬億美元。1945年5月8日，德國投降；8月15日，日本宣佈無條件投降，二戰正式結束。

星球大戰計劃 20世紀80年代，美國總統列根提出建立由全球監視、預警、攔截等系統組成的軍事防禦計劃——星球大戰計劃，英國、德國、以色列等國都不同程度地參與了該計劃。

巴芬灣

格陵蘭
(丹)

冰島

「東德」與「西德」 二戰結束後，英、法、美、蘇四國對德國及其首都柏林實行分區佔領。後來英、法、美佔領區合併，並成立包含西柏林在內的德意志聯邦共和國，即「西德」。隨後，蘇聯又在其佔領區上成立德意志民主共和國，即「東德」。

哈德遜灣

柏林圍牆 1961年8月，為防止人員大量湧入西柏林，民主德國修建了環繞西柏林的邊防系統——柏林圍牆。柏林牆全長155公里，由瞭望塔、混凝土牆和壕溝組成。

德意志聯邦共和國
(1955年5月加入北大西洋公約)

丹麥

英國

比利時
盧森堡
法國

加 拿 大

118

密西西比河

美 國

古巴導彈危機 1962年，蘇聯秘密在古巴部署中程導彈和核彈頭，美國強力反擊，武裝封鎖古巴。在美國的強大壓力下，蘇聯最終撤出導彈，雙方妥協。

北約 1949年4月，英、美、法等國在華盛頓簽署《北大西洋公約》，成立北大西洋公約組織，簡稱「北約」，是重要的政治軍事組織。

葡萄牙

阿爾

鐵托（1892～1980年） 南斯拉夫共和國總統，政治家。鐵托反對蘇聯控制南斯拉夫，導致蘇南關係惡化。1961年發起成立「不結盟運動」，反對美蘇霸權。

加 勒 比 海

限制核武器 20世紀70～80年代，美蘇簽署一系列協議，限制洲際戰略核武器軍備競賽，防止核擴散，推動核裁軍及和平利用核能。

尼日爾河

大

西

洋

河

軍備競賽 冷戰時期，美蘇開展軍備競賽，大力發展軍事工業。各類武器裝備尤其是核彈頭和洲際導彈的數量激增。

鐵幕演說 1946年3月，英國前首相邱吉爾在美國富爾頓發表名為「和平砥柱」的演說，公開攻擊蘇聯「擴張」，號召英美結盟，制止蘇聯侵略。

杜魯門主義 1947年3月，美國總統杜魯門在國會發表國情咨文，要求美國援助土耳其和希臘，鎮壓革命運動，遏制蘇聯和共產主義。美蘇「冷戰」正式開始。

華約　1955年5月，以蘇聯為首的社會主義陣營在波蘭華沙簽署《華沙條約》，成立華沙條約組織，簡稱「華約」，與「北約」對抗。1991年「華約」正式解散。

巴倫支海

波蘭政治劇變　戰後的波蘭因長期推行蘇聯的計劃經濟發展模式，導致經濟困難，國內矛盾激化。1989年議會大選中，波蘭共產黨喪失政權，社會主義制度在波蘭瓦解。

蘇聯

鄂　畢　河

葉尼塞河

勒拿河

黑龍江

布拉格之春　1968年捷克斯洛伐克為擺脫國內經濟困難，開始探索符合國情的發展道路。但蘇聯擔心捷克斯洛伐克脫離蘇聯控制，入侵強行阻止。

伏爾加河

捷克斯洛伐克

鹹海

阿　姆　河

黑海

保加利亞

土耳其
(1952年2月加入
北大西洋公約)

塞浦路斯島
(英)

尼羅河

巴　顏

印度河

119

黃河

長江

入侵阿富汗　1979年，蘇聯出兵阿富汗，武力干預阿富汗內部事務。阿富汗人在美國支持下，頑強抵抗蘇軍侵略。迫使蘇軍於1989年撤離阿富汗。

朝鮮戰爭　日本投降後，朝鮮半島出現南北分裂局面。1950年6月，朝鮮內戰爆發。美軍艦隊侵佔台灣海峽，以美軍為主的「聯合國軍」越過三八線，一直打到鴨綠江邊，嚴重威脅中國的安全。應朝鮮政府請求，同年10月中國人民志願軍赴朝，進行抗美援朝戰爭。1953年，交戰雙方簽署停戰協定。

越南戰爭　美國以「遏制共產主義擴張」為藉口，從1961年起侵略越南。在美國國內反戰運動日益高漲的情況下，美國不得不於1973年從越南撤軍。1975年，越南實現統一。

不結盟運動　1961年，南斯拉夫、印尼、埃及等國倡議召開了不結盟國家首腦會議。成員大都是亞非拉發展中國家，組織鬆散，奉行獨立自主、不與美蘇結盟的政策。

地圖圖例

華沙條約成員國(1955年5月)

北大西洋公約成員國(1949年4月~1955年5月)

美蘇冷戰

　　二戰結束後，美蘇關係發生變化，由戰爭期間的同盟關係逐漸處於對峙狀態。1947年，冷戰爆發。從1955年開始，世界分成兩大陣營：以美國為首的資本主義陣營和以蘇聯為首的社會主義陣營。兩大陣營之間長期處於對峙狀態，世界長期處於核威脅之下。1991年，蘇聯解體，冷戰結束。

俄羅斯

白令海峽

美國

阿拉斯加州

聖勞倫斯島

聖馬修島 (美)

(美)

白令海 努尼瓦克島

聖喬治島

阿福格納克島

加拿大

安克拉治

亞歷山大羣島

阿留申羣島 (美)

阿拉斯加半島

科迪亞克島

阿拉斯加灣

航天飛機 航天飛機是可以重複使用、往返於天地間的航天器。它結合了飛機和航天器的性質,有效載荷量大。美國曾研製過5種型號的航天飛機。

西雅圖

哥倫比亞河

華盛頓

波特蘭

俄勒岡州

愛達荷州

博伊西

阿波羅11號 1969年7月20日,阿波羅11號宇宙飛船抵達月球,人類首次踏上月球。之後,他們攜帶月表岩石樣本返回地球。

大鹽湖

薩克拉門托

內華達州

鹽湖城

猶他州

尼米茲級航母 美國海軍現役核動力航空母艦。可以搭載大量艦載機,是美國海軍遠洋戰鬥羣的核心力量。

聖弗朗西斯科 (舊金山)

加利福尼亞州

拉斯維加斯

科羅拉多河

洛杉磯

亞利桑那州

新

庫雷島

珀爾-赫米斯礁

中途島

萊桑島

夏威夷羣島

太 加德納島 **平** (美) **洋**

夏威夷州 考愛島 歐胡島

火奴魯魯 (檀香山)

夏威夷島

荷里活 世界著名影視中心。位於加利福尼亞州洛杉磯市西北部,奧斯卡大獎在此頒獎,美國許多著名電影公司在此設立。「荷里活」往往用來代指美國電影業。

太 平 洋

二戰後美國的騰飛

二戰後,美國成為資本主義世界的領頭羊,科技高速發展,資訊科技產業尤其發展迅速。同時,國內爆發反對種族隔離的民權運動,促進了民主和民族平等。蘇聯解體後,美國成為唯一的超級大國。

羅莎·帕克斯 (1913~2005年) 美國黑人民權主義者。1955年,美國阿拉巴馬州蒙哥馬利市的黑人婦女羅莎·帕克斯因拒絕在公交車上給白人讓座,被判監禁和罰款。她的被捕引發更大規模的抗議運動。1956年最高法院裁決,禁止在公共汽車上「種族隔離」。

墨西哥毒品 美國人試圖阻止墨西哥毒品通過美墨邊境線秘密進入美國,但毒品依然氾濫。

北美自由貿易區 1994年，美國、加拿大和墨西哥成立北美自由貿易區，消除關稅壁壘，推動貿易發展。

電腦 1946年，美國軍方研製成功世界上第一台通用電腦，使用真空電子管作為邏輯原件，主要應用於軍事和科學計算領域，奠定了資訊科技的基礎。

互聯網 1969年，美國國防部建立了覆蓋四個站點的網絡，互聯網由此誕生，並首先被用於軍事目的。

水門事件 華盛頓水門大廈是民主黨總部。1972年，共和黨總統尼克遜派人潛入水門大廈安裝竊聽器並偷拍文件，被當場抓到。該事件導致1974年8月尼克遜辭去總統職務。

121

加拿大

蘇必利爾湖

北達科他州

明尼蘇達州

南達科他州

蘇城

艾奧瓦州

威斯康星州

密歇根根湖

密歇根州

休倫湖

安大略湖

緬因州

聖勞倫斯河

佛蒙特州

新罕布什爾州

麻薩諸塞州

康涅狄格州

羅德島州

紐約州

底特律

伊利湖

芝加哥

內布拉斯加州

普拉特河

密蘇里

林肯

美

堪薩斯城

伊利諾伊州

印第安納州

俄亥俄州

哥倫布

俄亥俄河

賓夕法尼亞州

費城

新澤西州

紐約

馬里蘭州

特拉華州

華盛頓

大

丹佛

科羅拉多州

堪薩斯州

國

聖路易斯

密蘇里州

密西西比

肯塔基州

西弗吉尼亞州

弗吉尼亞州

西

甘迺迪遇刺 1963年11月22日，約翰·甘迺迪在德克薩斯州達拉斯市遭到槍擊，不治身亡。副總統約翰遜宣誓就任總統。

阿肯色河

奧克拉荷馬州

阿肯色州

小石城

曼非斯

田納西河

田納西州

北卡羅萊納州

南卡羅萊納州

雷德河

亞特蘭大

911事件 2001年9月11日，恐怖分子劫持民航客機撞擊世貿中心和五角大樓，導致2996人死亡，引發了世界範圍內的反恐戰爭。

達拉斯

德克薩斯州

密西西比州

阿拉巴馬州

佐治亞州

蒙哥馬利

洋

奧斯汀

路易斯安那州

休斯頓

聖安東尼奧

格蘭德河

佛羅里達州

卡納維拉爾角

巴哈馬

新奧爾良

邁阿密

墨西哥

西哥

墨西哥灣

卡特里娜颶風 2005年8月，卡特里娜颶風席捲路易斯安那州等地，重創新奧爾良市，造成1800多人死亡，以及至少750億美元的經濟損失，成為美國歷史上破壞力最大的颶風。

環球金融危機 2007年，美國房屋信貸危機引發全球金融市場動盪，眾多金融機構倒閉，失業人數激增，經濟萎縮。

小石城事件 小石城是美國南部阿肯色州首府。1957年，阿肯色州政府因拒絕執行聯邦法院關於打破黑白種族隔離的裁定，縱容當地白人暴徒阻礙黑人學生入學。艾森豪威爾總統派軍控制小石城，保護黑人學生入學。小石城事件是美國反對種族主義的重要里程碑。

馬丁路德金（1929～1968年） 美國民權運動領袖。反對種族隔離，要求給黑人平等權利。1963年發表《我有一個夢想》的演說。1964年獲諾貝爾和平獎。1968年被極端種族主義分子刺殺。

北海

挪威海

熊島
(挪)

斯瓦爾巴羣島
(挪)

巴倫支海

法蘭士約瑟

新地島

喀

勳章　勃列日涅夫常以頒發勳章的方式表彰蘇聯社會骨幹。他還喜好為自己頒發勳章，其一生共獲得了114枚勳章。

匈牙利十月事件　1956年10月，匈牙利羣眾舉行和平遊行，反對匈牙利照搬蘇聯模式，後演變為武裝暴動。蘇聯出兵進行軍事干預。這一事件造成大量人員傷亡。

波羅的海
(圖俄羅斯)

塔林
里加
愛沙尼亞
拉脫維亞
立陶宛
維爾紐斯

明斯克
白俄羅斯

摩爾多瓦

基輔■
■墓希訥烏
烏克蘭
第聶伯河

黑海

亞速海

「有限主權論」　1968年，勃列日涅夫提出：每個社會主義國家的主權不能同社會主義世界的利益對立，各個社會主義國家的主權是有限的。其實質是干涉別國內政。

獨聯體　1991年底，俄羅斯、白俄羅斯和烏克蘭成立獨立國家聯合體，前蘇聯加盟共和國均可參加。獨聯體不是國家，也不擁有凌駕於成員國之上的權力，組織鬆散。

莫斯科

莫斯科奧運會　1980年7月，第22屆夏季奧運會在莫斯科舉行，由於蘇聯入侵阿富汗，美、中等國拒絕參加。

糧食缺乏　勃列日涅夫重視重工業，忽視農業和輕工業。蘇聯糧食年年歉收，不得不依靠進口。生活日用品嚴重缺乏，難以滿足羣眾需要。

玉米運動　20世紀50年代，赫魯曉夫為增加糧食產量，不顧蘇聯自然條件，盲目要求全國廣泛種植玉米。由於西伯利亞光照不足，玉米無法出穗，糧食產量銳減，玉米運動失敗。

去史太林化　1953年史太林去世後，蘇聯和東歐社會主義國家發動了自上而下的取消對史太林的個人崇拜、推行有限的自由化政策。

烏拉爾山脈

鄂華河

額爾齊斯河

伏爾加河

烏拉爾河

秋明油田　1961年，蘇聯在西西伯利亞盆地相繼發現一系列超級油田，秋明油田是其中主力產油區。20世紀60～80年代，其石油產量持續增長。

墾荒運動　赫魯曉夫在西伯利亞和哈薩克斯坦大規模開墾荒地，導致水土流失，土地荒漠化嚴重。

大高加索山脈

杏噶咳哈庇

第比利斯■
埃里溫■
亞美尼亞
阿塞拜疆

巴庫■

裏海

阿斯塔納■

哈薩克斯坦

鹹海

錫爾河

巴爾喀什湖

土庫曼斯坦
阿什哈巴德■

阿姆河

烏茲別克斯坦

塔什干■

比什凱克■
吉爾吉斯斯坦

杜尚別■
塔吉克斯坦

北 冰 洋

軍備競賽 美蘇開展軍備競賽，大力發展軍事工業。由於軍備競賽耗資巨大，蘇聯經濟逐漸被拖垮。

白令海峽

東西伯利亞海

白令海

北地羣島

拉普捷夫海

《齊瓦哥醫生》 1956年，鮑里斯·巴斯特納克完成了長篇文學著作《齊瓦哥醫生》。小說講述了齊瓦哥與裁縫的女兒拉娜的悲歡離合，因為牽涉到對十月革命的評價，所以在蘇聯被禁止出版。

布爾加寧　卡岡諾維奇　馬林科夫　莫洛托夫

清除異己 赫魯曉夫在朱可夫的支持下，撤銷了莫洛托夫、馬林科夫、布爾加寧和卡岡諾維奇等人的職務，打壓異己。

「赫魯曉夫樓」 赫魯曉夫當政期間，蘇聯各地修建了一大批小户型簡易住宅樓，採用預製板結構，沒有電梯，嚴格控制建築成本。這在當時改變了居民的住房條件。

《核裁軍條約》 20世紀80年代後期，美蘇核力量嚴重飽和，開始對核武器進行裁減。1987年，戈爾巴喬夫訪問華盛頓，與列根總統簽署歷史上第一個《核裁軍條約》。

123

羅 斯

勒 拿 河

鄂霍次克海

千 島 羣 島

反酗酒運動 為了「整頓國民精神」，戈爾巴喬夫發動反酗酒運動，逐年減少烈性酒生產，商店限量供應酒類。

蘇共二十大 1956年，蘇聯共產黨第二十次代表大會召開。會議批判了對史太林的個人崇拜，指出了史太林的錯誤，重申了不同社會制度國家和平共處的原則。

河

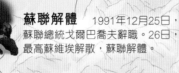

蘇聯解體 1991年12月25日，蘇聯總統戈爾巴喬夫辭職。26日，最高蘇維埃解散，蘇聯解體。

珍寶島反擊戰 1969年，蘇聯軍隊進犯中國東北的珍寶島，遭到中國人民解放軍頑強反擊。

薩哈林島
(庫頁島)

(俄佔)

改革經濟 1985年，戈爾巴喬夫上任後，大力推動經濟改革，擴大企業自主權，提高工人工資，並計劃向市場經濟過渡。但改革最終無果而終。

阿穆爾河
黑龍江

日 本 海

貝加爾湖

蘇聯解體

史太林在蘇聯推行高度集中的計劃經濟體制。該體制在初期推動了蘇聯經濟快速發展，但後期計劃經濟體制愈來愈僵化，弊端日益顯露。儘管赫魯曉夫和戈爾巴喬夫等人極力改革史太林模式，但都無果而終。1991年，蘇聯解體。

中蘇關係正常化 1989年5月，應中國國家主席楊尚昆的邀請，戈爾巴喬夫對中國進行正式訪問，雙方實現關係正常化。

潘帕斯草原 潘帕斯意為「沒有樹木的大草原」，面積廣大，氣候濕潤，是阿根廷農牧業主要產區，以肥美的牛羊肉聞名世界。

巴拿馬運河 1904年，美國開始開鑿連接太平洋和大西洋的巴拿馬運河。1914年正式通航。運河極大縮短了太平洋和大西洋之間的航程，便利了國際貿易。

拉丁美洲的獨立與困境

124

　　自從新航路開闢以來，拉丁美洲逐漸成為歐洲國家的殖民地。19世紀初，拉丁美洲湧現了西蒙·玻利瓦爾、何西·德·聖馬丁等民族解放領袖，為美洲人民贏得了民族獨立。但這些新獨立的國家經常陷入紛爭與內亂，加之社會貧富分化嚴重，有的甚至出現軍事獨裁。美洲的頭號強國美國，在拉丁美洲獨立運動時曾給予積極支持，但後來又將拉丁美洲國家視為原料產地和商品市場，甚至進行軍事干預。時至今日，拉丁美洲國家依然沒有擺脫貧窮和內亂的困境。

西蒙·玻利瓦爾（1783～1830年）拉美獨立運動領導者之一。1819年後，西蒙·玻利瓦爾先後解放了委內瑞拉、哥倫比亞等國，使這些國家擺脫了西班牙的控制。

巴西可可 巴西氣候濕潤，適宜可可樹的生長，其可可產量居世界前列。

古巴社會主義革命 1959年，菲德爾·卡斯特羅在古巴建立社會主義革命政府，並多次粉碎了美國的干涉，是美洲唯一的社會主義國家。

何西·德·聖馬丁（1778～1850年）拉美獨立運動領導者之一，致力於推翻西班牙的殖民統治，先後從西班牙人手中解放了秘魯和阿根廷。

加勒比海漁場　加勒比海漁業
資源豐富，是世界著名漁場，盛產
沙甸魚、金槍魚和鱈魚等。

法屬圭亞那　法國在
南美洲東北部的海外省，
由法國政府直接管轄，貨
幣是歐元，歐洲航天發射
中心就位於此地。

巴西利亞　1960年，巴西政府
遷都新城巴西利亞，並很快將其建
設成為全國主要城市，促進了內陸
地區經濟發展與人口增長。

大

西

洋

巴哈馬 1973.7

古巴
1959.1成立革命政府

西哥灣

加敦半島

白利茲 1981.9

洪都拉斯

尼加拉瓜

哥斯達黎加

巴拿馬運河

巴拿馬城

巴拿馬

牙買加
1962.8

大　安　的　列　斯　群　島

海地

多米尼加

加勒比海

波多黎各島(美)

維爾京群島(英)

維爾京群島
(美)

聖基茨和尼維斯 1983.9

安提瓜和巴布達 1981.11

瓜德羅普島(法)

多米尼克 1978.11

馬提尼克島(法)

聖露西亞 1979.2

巴巴多斯 1966.11

聖文森特和格林納丁斯 1979.10

格林納達 1974.2

千里達和多巴哥　1962.8

小安的列斯群島

委內瑞拉

那 1966.5

利南 1975.11

法屬圭亞那

哥倫比亞

基多

厄瓜多爾

毒品貿易　哥倫比亞毒品
貿易盛行，成為可卡因的重要
產地。雖然政府嚴厲打擊，但
毒品屢禁不止。

利馬

亞　馬　遜　河

亞馬遜平原

南　美　洲　巴　西

巴　西　高　原

巴西利亞

玻利維亞

里約熱內盧

安　第　斯　山　脈

查科戰爭　1932年，玻
利維亞和巴拉圭為爭奪大
查科地區的石油，爆發了
查科戰爭。至1935年初，
雙方均損失慘重，無力再
戰，於6月停火。1938年兩
國簽署了《查科和約》，
戰爭結束。

大查科

巴拉圭

巴　拉　那

聖地亞哥

阿　根　廷　潘　帕　斯　草　原

烏拉圭

拉　普　拉　他　河

布宜諾斯艾利斯

巴塔哥尼亞高原

馬爾維納斯群島
（英稱福克蘭群島）
（阿根廷、英爭議）

火地島

巴西廢除奴隸制　1888年，巴
西廢除奴隸制度，但是由於缺少必要
的勞動力，剛剛獲得解放的奴隸不得
不充當廉價勞動力。

巴西帝國　1822年，葡萄牙
巴西親王佩德羅宣佈巴西脫離葡
萄牙，成立巴西帝國。1889年，
巴西帝國被巴西共和國所取代。

馬島之戰　1982年，英國
和阿根廷為了爭奪馬爾維納斯
群島（英國稱福克蘭群島），
爆發了為期兩個月的戰爭，最
終英方獲勝。

經濟作物　拉丁美洲普遍種植
甘蔗、香蕉、可可、咖啡等經濟作
物，但沒有建立健全的經濟體系。

地圖標籤

歐洲

黑海

大高加索山

伊斯坦堡

愛琴海

安卡拉

土耳其

地中海

安塔利亞

迪亞巴克爾

大不

尼科西亞

阿勒頗

幼發拉底

敍利亞

底格里斯河

塞浦路斯

貝魯特

黎巴嫩 大馬士革

巴格達

伊拉克

以色列 耶路撒冷 安曼

約旦

巴士拉

蘇彝士運河事件 1956年7月，埃及總統納賽爾收回英法控制的蘇彝士運河公司。英法夥同以色列進攻埃及。埃及人民奮勇抵抗，迫使英法和以色列同意停火。

亞歷山大港

埃以和談 1978年，埃及總統薩達特和以色列總理貝京在美國戴維營進行和平談判。1979年，兩國在戴維營協議基礎上簽署和平條約，結束了埃以持續30年的戰爭狀態。

126

開羅

蘇彝士運河

尼羅河

埃及

伊拉克戰爭 2003年3月，以英美軍隊為主的聯合部隊以反恐為藉口，對伊拉克發動軍事打擊，推翻薩達姆政權。2011年12月，美軍全部撤出。

撒哈拉沙漠

阿斯旺

麥地那

利

非洲

沙特阿拉伯

吉達

麥加

沙特阿拉伯 1932年，伊本·沙特國王建立沙特阿拉伯。1938年，沙特阿拉伯地下發現儲量豐富的石油，使其成為世界上最富裕的國家之一。

杜拜 杜拜是阿拉伯聯合酋長國中人口最多的酋長國，石油儲量豐富，還是重要的經濟金融中心和旅遊城市。那裏的帆船酒店全球聞名。

薩那

亞丁

亞丁灣

地 圖 圖 例

.... 1949年巴勒斯坦地區以色列和阿拉伯國家的停戰界線

▨ 阿拉伯區

中東地區的戰與和

中東地區指的是地中海東岸及其周邊廣大地區，地處歐、亞、非三大洲接合部，既是東西南北的海陸要衝，又是世界上最富的石油產區。中東地區由於民族、宗教和政治等方面，有着歷史上形成的極為複雜的矛盾，最為突出的是阿拉伯人同猶太人的對立。

阿亞圖拉·霍梅尼（1902～1989年）
伊朗宗教領袖。1979年3月，霍梅尼領導反對巴列維國王的革命運動，成立了伊斯蘭共和國。

兩伊戰爭 1980～1988年，伊拉克和伊朗進行了長達8年的邊境戰爭。戰爭導致100萬人喪生，170萬人受傷，並造成了巨大的物質損失。

波斯灣石油寶庫 波斯灣蘊藏着豐富的石油資源，目前探明儲量佔到全世界石油總儲量的64.5%，其中沙特阿拉伯石油儲量佔世界總儲量的四分之一。圍繞着石油的爭奪從未在此停息。

127

宗教信仰 中東地區大多數居民信仰伊斯蘭教，此外還有基督教、猶太教等其他宗教，且宗教內部派系分歧嚴重，宗教矛盾突出。

黎巴嫩內戰 1975～1990年，伊斯蘭教教徒和基督教教徒在黎巴嫩貝魯特展開激戰。內戰造成數十萬人傷亡，人民生活苦不堪言。

巴勒斯坦難民 以色列強制驅散巴勒斯坦地區的阿拉伯人，加上五次中東戰爭的破壞，導致大量巴勒斯坦人淪為難民，生活無着。

以色列 1948年5月14日，猶太人建立以色列國，成為世界上唯一一個以猶太教為主體的國家。以色列所在地區也是巴勒斯坦人的家鄉，兩個民族間衝突不斷。

石油輸出國組織 簡稱「歐佩克（OPEC）」。1960年，伊朗、伊拉克、科威特、沙特阿拉伯和委內瑞拉五大產油國成立石油輸出國組織，宗旨是協調各成員國的石油政策，維護共同利益。2016年，該組織成員國12個，其石油總儲量佔世界石油儲量的77%。

巴勒斯坦大起義 1987年，巴勒斯坦人發動反對以色列的起義，採用投擲石塊的方式反抗以色列，要求重建自己的家園。

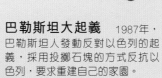

中東戰爭 1948～1982年，以色列和阿拉伯國家先後爆發五次中東戰爭，導致中東局勢劇烈動盪，民族仇恨不斷延續。

索科特拉島(也門)

揚馬延島
(挪)

歐洲走向統一

　　二戰結束後，歐洲國家百廢待興，而隨後的美蘇冷戰導致了歐洲的分裂，以蘇聯為首的社會主義陣營和以美國為首的資本主義陣營長期對峙。在美蘇操縱下，德國分裂為兩個國家，這種分裂持續到1990年前後的東歐劇變。在蘇聯和美國霸權的夾縫中，歐洲國家之間加強了聯合，逐漸走向統一。

雷克雅未克 ■ 冰島

法羅羣島
(丹)

設得蘭

大

西

「鐵娘子」　英國首相戴卓爾夫人被稱為「鐵娘子」。1979年，戴卓爾夫人當選為英國第一位女首相，她對內抑制通貨膨脹，保持英國經濟高速發展，對外鞏固發展美英特殊關係，並堅持使用武力解決馬島問題，擊敗阿根廷。

紐倫堡審判　1945年底，21位納粹德國軍政首腦被推上德國紐倫堡的審判台，其中11人被判處死刑。

《羅馬條約》　1957年，法國、聯邦德國、意大利、荷蘭、比利時、盧森堡6國簽署《羅馬條約》，建立關稅同盟和農業共同市場，加強各國在經濟和原子能領域的合作。

愛爾蘭　都柏林　英國

倫敦 ■　阿姆

布魯塞爾

洋

塞納河　巴黎

羅亞爾河　法國

華沙之跪　1970年12月7日，聯邦德國總理威利·勃蘭特在華沙猶太隔離區起義紀念碑前下跪，為被納粹殺害的死難者默哀。華沙之跪極大提高了德國的外交形象。

比斯開灣

歐盟　1993年，歐洲聯盟成立，是一個集政治實體和經濟實體於一身的區域一體化組織，總部設在布魯塞爾。

里斯本 ■　葡萄牙　塔古斯河　馬德里 ■　安道爾 →

西班牙

科

歐元　1999年，歐元在歐盟成員國範圍內正式發行。2002年1月1日，歐元正式進入流通。7月，歐盟大多數成員國原有貨幣停止流通。

巴利阿里羣島　薩丁尼(意)

拆除柏林圍牆　1989年12月，民主德國正式決定拆除柏林圍牆。原址僅有少量存留，其餘幾乎被拆除完畢。1990年10月，兩德最終實現統一。

非洲

地圖圖例

▨ 歐盟成員國

128

歐洲煤鋼共同體 1952年，法國、聯邦德國、意大利、荷蘭、比利時、盧森堡6國成立煤鋼共同體，協調各國煤鋼生產。煤鋼共同體的成立拉開了法德和解的序幕，開啟了西歐聯合的進程。

俄　羅　斯

俄羅斯-格魯吉亞戰爭 2008年8月8日，俄羅斯和格魯吉亞為了爭奪南奧塞梯爆發戰爭。在各方調停下，俄羅斯和格魯吉亞簽署停火協議。俄軍撤離格魯吉亞，戰爭結束。

切爾諾貝爾 1986年，蘇聯切爾諾貝爾原子能發電站發生爆炸，周圍大片地區遭到核輻射污染，造成了災難性影響。

129

車臣戰爭 20世紀90年代，俄羅斯聯邦與車臣共和國分離主義者爆發了兩次嚴重衝突，俄羅斯控制大部分車臣地區，但戰後車臣的恐怖活動並沒有得到有效遏制。

壽西斯古（1918～1989年） 羅馬尼亞共產黨和國家領導人。其執政後期因內政改革失敗，造成經濟衰退，人民怨聲載道，社會矛盾加劇。1989年12月羅馬尼亞國內爆發革命，壽西斯古被處決。

黑　海

亞　洲

格魯吉亞 前蘇聯加盟共和國。1991年獨立。2003年爆發反對時任總統謝瓦德納澤的示威活動，建立民主政府。

雅典奧運會 2004年，雅典舉辦第28屆夏季奧運會，共設301個項目比賽。雅典也是古代奧林匹克運動會的故鄉。

波黑戰爭 1992～1995年，波斯尼亞和黑塞哥維那三個主要民族塞爾維亞族、穆斯林族和克羅地亞族為了爭奪領土爆發戰爭，造成大量人員傷亡。

奧斯陸
赫爾辛基
斯德哥爾摩
塔林
愛沙尼亞
拉脫維亞
立陶宛
丹麥　哥本哈根
柏林
易北河
德國
紐倫堡
敦士登
維也納
奧地利
斯洛文尼亞
聖馬力諾
克羅地亞
梵蒂岡
羅馬
西西里島
馬爾他
意大利
波蘭　華沙
奧得河
瓦河
維斯瓦河
捷克
斯洛伐克
布達佩斯
匈牙利
羅馬尼亞
布加勒斯特
保加利亞
馬其頓
阿爾巴尼亞
希臘
雅典
克里特島
塞浦路斯
莫斯科
明斯克
白俄羅斯
切爾諾貝爾
基輔
烏克蘭
第聶伯河
摩爾多瓦
裏海
多瑙河
波黑
塞爾維亞
黑山
俄羅斯

戰爭與和平 東歐劇變和蘇聯解體後，兩極格局瓦解，世界兩大軍事集團對峙的緊張局面也隨之告終，世界呈現一超多強的多極化趨勢。除了傳統的意識形態的衝突和地緣政治的競爭，在當今世界，文明的差異和衝突也已經成為一個重要的問題。一般而言，各個國家都有自己的發展軌跡和民族文化，不同文明之間的差異更明顯，這決定着圍繞着資源開發、文明生態等領域的局部衝突仍會時有發生，如近年來的中東、北非以及烏克蘭的局部衝突。這種總體和平、局部衝突的現象還將持續很長一段時間。

新型疾病不斷出現 19世紀20年代人類發現了金雞納霜，現在人們提取了青蒿素，基本解決了瘧疾的肆虐。20世紀20年代人類提取了青黴素，有效治療細菌感染和炎症。人類防治疾病的歷史就是尋找藥物對抗疾病的歷史。正因如此，人類找到的藥物總是落後於疾病的出現。20世紀80年代之後，一種新的疾病——愛滋病（獲得性免疫缺陷綜合症）開始肆虐，目前全球約有3690萬人感染愛滋病，而且這個數字還在持續增加。2014年，伊波拉疫情肆虐西非，2015年，寨卡病毒又席捲美洲，各國合作防治新型疾病已經成為國際共識。

世界局勢展望

回顧人類歷史，社會經濟的發展是建立在高污染、高耗能基礎之上的。當今社會，人口膨脹與資源消耗之間的矛盾愈來愈嚴重，人口的大量流動引發了社會問題，貧富差距日漸突出，局部軍事衝突時有發生。但是，人類科技也在不斷取得進步，民主制度日趨完善，新型能源逐漸得到開發利用。人類應該互相合作，共同採取措施化解危機，走向未來。

溫室效應 又稱「花房效應」。自從工業革命以來，工廠普遍設立，排出的二氧化碳等吸熱性強的溫室氣體逐年增加，導致地表與低層大氣溫度增高，引發全球氣候變暖。溫室效應引發嚴重的自然災害，導致冰川融化，海平面升高，沿海城市面臨海水上漲的威脅，同時加劇地區乾旱，導致糧食作物減產，爆發饑饉。溫室效應已經引發國際社會關注，1997年12月，聯合國氣候變化框架公約參加國制定了《京都議定書》，標誌着各國開始合力遏制溫室效應。

可持續發展 可持續發展已經成為關係人類未來發展的重大問題。1989年，「聯合國環境發展會議」首先提出可持續發展的概念：既要滿足當代人的需求，又不對後代人滿足其需求的能力構成危害，既要發展經濟，又不破壞大氣、土地、淡水、海洋等自然環境。為了防止資源枯竭、環境破壞，造福子孫後代，必須探索可持續發展的途徑，努力促進世界和平、平等，合理使用和維護自然資源，並在追求發展的過程中加強對環境的關注。

人與環境的協調 人類的生存離不開自然界的恩賜。自然為人類發展提供了源源不斷的資源。但是，隨着人口的迅速膨脹，人類對自然索求無度，自然資源遭到破壞性開發，環境遭到嚴重破壞。隨着科技的不斷進步，人類對資源的認識和利用更加靈活和高效。以往習以為常的太陽和風力已經被人們開發成太陽能和風能。人們還在海底發現了數量龐大的錳結核，其中蘊藏着豐富的銅、鐵、錳等金屬。這些能源既能滿足人類的生存需要，又將對環境的破壞降到最低。可以說，在當今社會，人與自然和諧相處，共生共榮已經成為世界各國的共識。實現人口適度增長，實行經濟可持續發展已經成為關係全人類發展的重大問題。

世界大事年表

距今約 600 萬年前 / 人類祖先在地球出現，在今非洲形成土根原初人（即千禧人）等

距今約 420 萬～140 萬年前 / 南方古猿生活在今非洲一帶

距今約 250 萬年前 / 非洲埃塞俄比亞的戈納出現迄今所知最早的打製石器。遺存有戈納遺址

距今 250 萬～1.2 萬或 1 萬年前 / 人類舊石器時代

距今 240 萬～160 萬年前 / 非洲的能人已經會製造、使用工具

距今約 170 萬年前 / 中國雲南生活着元謀猿人

距今約 140 萬年前 / 南非斯瓦特克蘭斯洞穴出現人類造今最早的用火遺跡

距今 115 萬年前 / 中國陝西藍田公王嶺生活着藍田猿人，已會製造和使用石器

距今 70 萬～20 萬年前 / 中國華北地區生活着北京猿人，已會製造打製石器，引用自然火烤肉、照明、取暖等

距今 4 萬～1 萬年前 / 歐洲出現洞窟壁畫，著名的有阿爾塔米拉洞窟壁畫、拉斯科洞窟壁畫

距今 3 萬～1 萬年前 / 原始宗教出現 / 中國周口店山頂洞人已使用多種裝飾品、紅色顏料和縫製獸皮衣服的骨針

距今 1.2 萬或 1 萬～4000 年前 / 人類新石器時代。出現農耕文化、製陶業、石器磨光技術和以建築技術為基礎的定居聚落

距今 1.1 萬～1 萬年前 / 西亞兩河流域已種植小麥、大麥、豆類和無花果等農作物

距今約 8000 年前 / 小亞細亞地區出現亞麻和羊毛織物

距今 7000～6000 年前 / 中國浙江河姆渡文化時期，大規模種植水稻，出現木槳和生漆製品，帶榫卯的建築木構件，以及採用支護結構且蓋井亭的水井

距今 6900～4900 年前 / 中國仰韶文化時期，有紅陶、灰陶、黑陶、彩陶等陶器，已使用陶輪製陶 / 中國漢字開始萌芽

距今 6000～5000 年前 / 古埃及、南歐、中歐和中國等地先後開始冶煉銅

公元前 3500～前 3200 年 / 古代兩河流域烏魯克文化時期，出現陶輪和塔廟建築，創造了楔形文字

公元前 3500～前 3100 年 / 古埃及出現城市公社性質的小邦（諾姆），出現象形文字

公元前 3500～前 3000 年 / 古代兩河流域居民開始使用輪式運輸工具 / 古埃及人在農業生產中使用犁、耙和施肥

公元前 3300～前 2200 年 / 中國江浙良渚文化時期，遺存古城、王陵、祭壇，以及隨葬琮、璧等大量精美玉器

公元前 3100 年 / 古埃及上埃及統治者美尼斯征服下埃及，初步形成統一國家。埃及早王朝時期開始

約公元前 3000 年 / 古埃及出現有槳和帆的船，已使用銅鏡

公元前 3000～前 2300 年 / 愛琴海地區早期米諾斯文明時期

約公元前 30 世紀初～約前 21 世紀初 / 中國傳說中的黃帝等五帝時期

約公元前 2686 年 / 埃及古王國建立。國家統一完成，君主專制確立；大規模興建金字塔，現存最大的為胡夫金字塔

約公元前 2500 年 / 古埃及和兩河流域製出類似玻璃球類玻璃製品，用失蠟法鑄造金屬飾物

公元前 26 世紀 / 古埃及獅身人面像落成

約公元前 2350～前 1750 年 / 印度河文明時期。古印度出現城市、國家，已使用文字，使用陶輪製陶

約公元前 2070 年 / 中國夏朝建立，為中國歷史上第一個王朝

公元前 2040 年 / 古埃及中王國建立。國家重新統一，青銅器廣泛應用，開發法尤姆綠洲，修建卡納克神廟

卡納克神廟

約公元前 2000 年 / 古埃及製木乃伊，出現圖書館

公元前 20 世紀中葉 / 克里特島興建米諾斯王宮，壁上有宴樂和貴婦等彩畫

公元前 1900～前 1600 年 / 克里特島出現米諾斯文字 / 愛琴海地區邁錫尼文明出現

約公元前 1894～前 1595 年 / 古巴比倫第一王朝時期，發展了蘇美爾文明

約公元前 1800～前 1500 年 / 中國河南偃師二里頭文化時期。遺存中國最早的宮殿建築

公元前 1792～前 1750 年 / 古巴比倫第六代國王漢謨拉比在位，中央集權奴隸制確立，制定《漢謨拉比法典》

約公元前 1600 年 / 中國湯伐夏桀，夏朝滅亡。商朝建立，始建都於亳

公元前 1600～前 1100 年 / 中國燒製的原始瓷器，為世界上最早的瓷器

公元前 1567 年 / 古埃及新王國建立，國家重新統一

約公元前 1500 年 / 古巴比倫人創造發達的數學和天文學

公元前 1400 年 / 古埃及出現水鐘

約公元前 1300 年 / 古埃及和兩河流域已有日晷 / 中國出現甲骨文

公元前 1300～前 1200 年 / 中國四川三星堆文化繁盛時期。廣漢三星堆遺址出土有這一時期古蜀國的青銅立人像、人頭像、人面像，以及銅神樹、金權杖和大量玉禮器

公元前 14 世紀 / 古埃及鑄成第十八王朝法老圖坦卡蒙的金棺

公元前 1217 年 / 中國商代甲骨文上有連續 10 天的天氣記錄，為迄今所知最早的多天連續的天氣記錄

公元前 13 世紀～前 1046 年 / 中國商代青銅器進入全盛時代。前 12 世紀晚期鑄造的司母戊鼎為現存出土的商代最大青銅器

公元前 1046 年 / 中國周武王伐商紂，商朝滅亡。周朝開始，建都鎬京（今陝西西安西南）

公元前 1000～前 600 年 / 古印度後吠陀時期，雅利安人國家形成，婆羅門教流傳，出現瓦爾納制度，經濟以農業為主，開始使用鐵器

公元前 10 世紀 / 美洲瑪雅人在墨西哥、危地馬拉等地培育玉米、番茄、番薯、辣椒、可可等，種植棉花、龍舌蘭等，飼養火雞、狗、蜜蜂等

公元前 9 世紀末 / 古希臘斯巴達國家開始形成

公元前 776 年 / 古希臘第一次奧林匹克運動會在奧林匹亞舉行

公元前 771 年 / 中國西周滅亡

公元前 770 年 / 中國周平王自鎬京東遷洛邑（今河南洛陽），東周開始。中國歷史進入春秋時期（公元前 770～前 476 年）

公元前 8 世紀 / 西亞出現皮質書籍，稱「羊皮書卷」 / 中國黃河、長江流域出現鐵製農具

公元前 8 世紀～前 509 年 / 古羅馬王政時代

公元前 626～前 539 年 / 古代兩河流域新巴比倫王國時期

約公元前 605～前 562 年 / 古代兩河流域新巴比倫王尼布甲尼撒二世在位，修建空中花園，滅猶太國

約公元前 7 世紀 / 拉丁字母產生

公元前 594 年 / 古希臘雅典開始梭倫改革

公元前 550 年 / 古代西亞波斯帝國建立，後發展為地跨亞非的大帝國

公元前 518 年 / 波斯帝國開始興建都城波斯波利斯

約公元前 509 年 / 古羅馬王政時代結束，共和時代開始

約公元前 500 年 / 希波戰爭爆發，古希臘城邦紛紛反抗波斯帝國侵略。公元前 449 年戰爭以希臘獲勝、波斯戰敗而告結束

約公元前 6 世紀 / 古希臘寓言家伊索活動時期，後人編有《伊索寓言》傳世

公元前 486 年 / 釋迦牟尼去世（一說公元前 544 或公元前 543 年）。約生於公元前 565 年（一說公元前 624 或公元前 623 年）。創立佛教

公元前 479 年 / 中國思想家、教育家孔子去世。生於公元前 551 年。創立儒家學派，開創私人教育

公元前 475 年 / 中國戰國時期開始，兼併戰爭劇烈。思想上形成百家爭鳴局面

公元前 451 年前後 / 古羅馬頒佈第一部成文法典《十二銅表法》

母狼乳嬰的傳說

公元前 432 年 / 雅典建成巴特農神廟

公元前 431 年 / 古希臘伯羅奔尼撒戰爭爆發，是雅典及其同盟者與以斯巴達為首的伯羅奔尼撒同盟之間的戰爭。公元前 404 年，雅典宣告投降，斯巴達獲勝

公元前 5 世紀 / 古希臘雅典衞城建成

公元前 399 年 / 古希臘哲學家蘇格拉底被判處死刑，飲鴆而死。生於公元前 469 年。創立目的論唯心主義哲學體系

公元前 334～前 324 年 / 馬其頓國王亞歷山大大帝率軍東征波斯、中亞和印度，建立橫跨歐亞非三洲的亞歷山大帝國。公元前 323 年，亞歷山大大帝去世，帝國瓦解

約公元前 265～前 238 年 / 古印度孔雀王朝國王阿育王在位，孔雀王朝代表作——阿育王獅子柱頭建成，為印度傳統文化的象徵

公元前 264～前 241 年 / 羅馬和迦太基發生第一次布匿戰爭，羅馬獲勝

約公元前 251 年 / 中國秦國蜀郡守李冰主持築成都江堰

公元前 221 年 / 中國秦統一六國，戰國時期結束。秦王政稱皇帝，建立秦朝（公元前 221～前 207 年）。都咸陽；實行郡縣制、車同軌、書同文，統一度量衡

公元前 218～前 201 年 / 第二次布匿戰爭，羅馬取勝，稱霸地中海西部

公元前 215 年 / 第一次馬其頓戰爭爆發。經過三次戰爭，馬其頓於公元前 168 年被羅馬征服

公元前 214 年 / 中國增築長城，西起臨洮，東至遼東

公元前 212 年 / 古希臘數學家、物理學家阿基米德去世。約生於公元前 287 年。他系統研究了槓桿原理，發現阿基米德原理，並確定了各種幾何圖形的面積和物體表面積、體積的計算方法

公元前 210 年 / 中國秦在驪山（今屬陝西西安市臨潼區）建成秦始皇陵

公元前 209 年 / 中國秦在驪山秦始皇陵東大體建成秦兵馬俑坑

公元前 207 年 / 中國劉邦攻佔咸陽，秦亡

公元前 206 年 / 中國楚漢之爭爆發，歷時四年餘

公元前 202 年 / 中國劉邦稱帝，建立漢朝，都洛陽，公元前 200 年遷至長安

約公元前 200 年 / 波斯人發明立軸式風車，為世界上最早的風力機 / 秘魯人用腰機生產提花掛毯、紗羅織物、雙層織物，且已掌握手繪和製繡技術

公元前 149～前 146 年 / 第三次布匿戰爭，羅馬軍隊征服迦太基，毀迦太基城

公元前 138 年 / 中國漢武帝遣張騫出使西域，開通陸上絲綢之路

約公元前 2 世紀 / 古印度開鑿佛教石窟羣阿旃陀石窟

公元前 73～前 71 年 / 古羅馬斯巴達克起義

公元前 58～前 51 年 / 高盧戰爭，羅馬征服高盧

公元前 27 年 / 羅馬帝國開始

約公元前 7 年 / 基督教創始人耶穌誕生（或說公元前 7 ～前 4 年之間）

公元前 2 年 / 佛教開始傳入中國

公元 9 年 / 中國西漢王莽自立為帝，改國號為「新」

公元 17 年 / 古羅馬詩人奧維德去世。生於公元前 43 年 3 月 20 日。著有《變形記》等

公元 25 年 / 中國劉秀即帝位，重建漢政權。都洛陽，史稱東漢

公元 25 ～ 220 年 / 中國築錢塘江海塘，全長 200 餘公里

公元 30 年左右 / 相傳耶穌被釘於十字架處死。耶穌門徒開始傳佈基督教

公元 43 年 / 羅馬入侵不列顛，407 年退出

公元 68 年 / 中國漢明帝於洛陽首建佛寺白馬寺

公元 70 ～ 82 年 / 古羅馬建羅馬競技場

公元 73 年 / 中國東漢外交家、軍事家班超出使西域，西域與漢絕 65 年後復通

公元 78 年 / 古印度根據塞種紀元開始記日

公元 79 年 / 意大利維蘇威火山爆發，龐貝、斯塔比亞和赫庫蘭尼姆三座城市被掩埋

1 ～ 2 世紀 / 基督教《新約聖經》完成

1 ～ 6 世紀 / 中亞貴霜帝國時期，以犍陀羅藝術（壁畫、雕塑、石窟建築）著稱

1 ～ 8 世紀 / 墨西哥留存的特奧蒂瓦坎古城，有太陽金字塔和月亮金字塔

105 年 / 中國東漢蔡倫發明用麻頭、破布、樹皮、舊漁網等材料造紙的技術

112 ～ 117 年 / 古羅馬建圖拉真紀念柱

120 ～ 125 年 / 古羅馬重建羅馬萬神廟，為古代圓頂廟之最

132 年 / 中國東漢科學家張衡創製世界上第一架測驗地震的儀器候風地動儀

220 年 / 中國曹丕稱帝，國號魏，建都洛陽。廢漢獻帝劉協，東漢亡

221 年 / 中國劉備在成都稱帝，國號漢，世稱蜀，以諸葛亮為丞相

224 年 / 帕提亞帝國瓦解，226 年薩珊王朝建立

229 年 / 中國孫權稱帝，國號吳，都武昌（今湖北鄂州），後遷都建業（今江蘇南京）

266 年 / 中國晉王司馬炎建立晉朝（西晉），都洛陽

280 年 / 中國西晉滅吳，統一全國。三國終

304 年 / 匈奴貴族劉淵稱王，國號漢。

308 年 / 劉淵即帝位，都平陽。中國十六國時期開始

313 年 / 羅馬帝國皇帝君士坦丁一世和李錫尼頒佈《米蘭敕令》，宣佈基督教合法

316 年 / 中國漢劉曜圍攻長安，晉愍帝出降，西晉亡

---

317 年 / 中國司馬睿在建康稱王，史稱東晉

約 320 ～ 540 年 / 古印度第一個封建王朝笈多王朝統一印度，首都華氏城

330 年 / 羅馬帝國遷都拜占廷，改名君士坦丁堡

366 年 / 中國始鑿莫高窟，歷北朝、隋、唐至元，鑿成敦煌石窟

376 ～ 568 年 / 古羅馬民族大遷徙，羅馬帝國境外的日耳曼人等「蠻族」大舉移居帝國境內，各自建立國家

383 年 / 中國淝水之戰，東晉軍隊擊敗前秦近 90 萬軍隊。戰後前秦瓦解

386 年 / 中國拓跋珪稱代王，旋改國號為魏，史稱北魏

392 年 / 羅馬帝國皇帝狄奧多西一世宣佈基督教為國教

395 年 / 羅馬帝國分裂為東、西兩帝國

399 年 / 中國東晉高僧法顯等人西行天竺（印度）求佛法，是最早赴天竺的中國僧人。法顯著《佛國記》

約 4 ～ 5 世紀 / 印度古代詩人、戲劇家迦梨陀娑在世。著有詩劇《沙恭達羅》《優哩婆濕》等

401 年 / 中國後秦姚興滅後涼

420 年 / 中國劉裕廢晉恭帝稱帝，定都建康，國號宋。東晉亡，南朝開始

439 年 / 中國北魏滅北涼，統一北方。十六國結束，北朝開始

476 年 / 西羅馬帝國滅亡

479 年 / 中國蕭道成代宋稱帝，國號齊，都建康

5 世紀末 / 日耳曼人的一支東哥德人建立東哥德王國，554 年被拜占廷所滅

502 年 / 中國南朝蕭衍稱帝，國號梁，齊亡

528 ～ 533 年 / 拜占廷帝國第一部法典《查士丁尼民法大全》編成

534 ～ 535 年 / 中國北魏分裂為東魏和西魏

537 年 / 東羅馬帝國聖蘇菲亞大教堂建成，始建於 532 年，為拜占廷建築的代表

聖蘇菲亞大教堂

550 年 / 中國高洋廢東魏孝靜帝，稱帝，國號齊，都鄴。史稱北齊

552 年 / 佛教傳入日本

557 年 / 中國北朝宇文覺廢西魏恭帝自立，國號周，都長安。史稱北周 / 中國南朝陳霸先代梁稱帝，國號陳，都建康

577 年 / 中國北周武帝滅北齊，統一中國北方

581 年 / 中國楊堅代周稱帝，國號隋

581 ～ 618 年 / 中國隋朝始創科舉制

---

585 年 / 緬甸始建大型佛塔仰光大金塔

589 年 / 中國隋軍攻克建康，俘陳後主，陳朝亡。南北統一

605 ～ 610 年 / 中國開通通濟渠、永濟渠和江南運河，構成隋朝的南北大運河

618 年 / 中國李淵稱帝，國號唐。隋亡

622 年 / 穆罕默德從麥加遷徙至麥地那，此年為伊斯蘭教曆紀元之始

629 年 / 中國唐朝僧人玄奘赴天竺取經，645 年回長安，撰《大唐西域記》 / 松贊干布即吐蕃贊普位，征服各部，統一西藏，都城由山南遷至邏些城

641 年 / 阿拉伯人征服埃及

645 年 / 日本行大化革新

661 年 / 阿拉伯帝國倭馬亞王朝建立

668 年 / 新羅滅高句麗，統一朝鮮半島大部

687 年 / 意大利威尼斯共和國建立

690 年 / 中國武則天稱帝，改國號為周，史稱武周。705 年初武則天退位，復唐國號

7 世紀 / 阿富汗鑿成巴米揚石窟

710 年 / 日本建成新都平城京（今奈良），佈局仿照唐長安

奈良法隆寺

711 年 / 阿拉伯倭馬亞王朝軍隊佔領西班牙

742 ～ 754 年 / 中國唐朝僧人鑑真六次東渡，於 754 年 1 月 23 日抵達日本。759 年在奈良建唐招提寺

750 年 / 阿拉伯帝國倭馬亞王朝滅亡，阿拔斯王朝建立

751 年 / 法蘭克王國宮相矮子丕平廢墨洛溫王朝國王自立，建加洛林王朝 / 中國唐將高仙芝率軍 3 萬人與向東擴張的黑衣大食（阿拉伯阿拔斯王朝）、石國（今烏茲別克斯坦塔什幹一帶）聯軍戰於中亞怛羅斯城（今哈薩克斯坦塔拉茲城附近），敗績。被俘唐軍中有造紙工匠，造紙術遂傳入撒馬爾罕，再傳入阿拉伯和歐洲

756 年 / 法蘭克王國王丕平將羅馬城及周圍地區贈予教皇，史稱「丕平獻土」

784 年 / 日本國都由平城京（今奈良）遷至長岡京（今京都西南），10 年後又遷至平安京（今京都）

793 年 / 丹麥海盜襲擊英格蘭東北部的林迪斯法恩島

800 年 / 法蘭克王國王查理加冕為皇帝，建立控制西歐大部分地區的查理帝國

827 年 / 埃格伯特統一英格蘭，結束七國時代

843 年 / 《凡爾登條約》簽訂，查理帝國一分為三

---

882 年～ 13 世紀初 / 基輔羅斯時期

890 年 / 東埔寨吳哥王朝開始興建吳哥王城，吳哥王城和 12 世紀建成的吳哥寺為東埔寨藝術瑰寶

907 年 / 中國朱溫逼唐哀帝禪位，自行稱帝，國號梁，都開封。史稱後梁。唐亡。五代十國時期開始

916 年 / 中國耶律阿保機稱帝，建契丹國。947 年更國號為遼

918 年 / 王氏高麗建國。高麗滅新羅、百濟，於 936 年統一朝鮮半島

923 年 / 中國晉王李存勖稱帝，國號唐。同年攻下開封，後梁亡。建都洛陽。史稱後唐

939 年 / 越南獨立建國

951 年 / 中國郭威稱帝於開封，國號周。史稱後周

960 年 / 中國趙匡胤發動陳橋兵變，稱帝，國號宋。後周亡

962 年 / 德意志國王奧托一世在羅馬加冕稱帝，建立神聖羅馬帝國

970 年 / 伊斯蘭教世界第一所大學——愛資哈爾大學在開羅創立

988 年 / 基輔大公弗拉基米爾一世受洗，基督教傳入俄羅斯

1007 ～ 1008 年 / 世界最早的長篇小說之一日本的《源氏物語》成書

1018 年 / 拜占廷征服保加利亞

1025 年 / 南印度的朱羅在與室利佛逝爭奪印度洋霸權的戰爭中取得勝利，室利佛逝從此衰落

1038 年 / 中國黨項首領李元昊稱帝，建都興慶府，國號大夏。史稱西夏

1041 ～ 1048 年 / 中國北宋刻版印刷工匠畢昇發明活字版印刷

1054 年 / 基督教分裂為東部「正教」（東正教）和西部「公教」（天主教）

1088 年 / 意大利博洛尼亞大學創立，為歐洲最早建立的大學

1096 ～ 1291 年 / 西歐教皇封建主發動對地中海東岸國家的侵略戰爭，史稱十字軍東征。先後共八次東征

1115 年 / 中國女真首領完顏阿骨打（即金太祖完顏旻）在會寧（今黑龍江阿城）稱帝，國號金

1125 年 / 中國金軍於應州俘遼天祚帝，遼亡

1127 年 / 中國金軍攻陷東京（今河南開封），俘徽、欽二帝，北宋滅亡 / 中國宋康王趙構（宋高宗趙構）在南京（今河南商丘）即位，南宋開始 / 中國北宋末年，爆炸火藥廣泛用於軍事，出現了「霹靂炮」、「震天雷」、地雷等爆炸性武器

1136 年 / 中國刻成《華夷圖》、《禹跡圖》刻石，這是世界最古老的地圖印版

1150 年 / 法國巴黎大學創立

1168 年 / 英國牛津大學創立

1192 年 / 源賴朝建立鐮倉幕府，日本進入幕府統治時期

134

12～13世紀 /「香檳集市」在法國出現，為當時歐洲規模最大的國際性貿易市場，開始使用期票、匯票等信用憑證和複式簿記

1204年 / 西歐十字軍建立拉丁帝國。1261年帝國滅亡

1206年 / 鐵木真建蒙古國，稱成吉思汗

1209年 / 英國劍橋大學創立

1215年 / 英王約翰（無地王）簽署《大憲章》

1223年 / 蒙古西征軍入侵俄羅斯

1225～1248年 / 中國的火藥及配方由商人傳入印度，再經阿拉伯人、西班牙人傳入歐洲

1227年 / 蒙古滅西夏

1233年 / 宋應約出兵與蒙古聯合攻金，次年金亡

1235年 / 西非馬里帝國建立

1238年 / 第一個泰王國在素可泰建立

1248年 / 德國始建哥特式科隆大教堂，至19世紀方全部建成

1258年 / 蒙古入侵巴格達，結束阿拔斯哈里發統治

1265年 / 英國首次議會召開

1271年 / 忽必烈定國號大元，中國元朝開始。次年，改中都（今北京）為大都

1273年 / 哈布斯堡家族的魯道夫一世被選為神聖羅馬帝國皇帝，哈布斯堡王朝開始

1274年 / 3月7日，中世紀經院哲學集大成者、意大利神學家托馬斯·阿奎那去世。約生於1225年。著有《論存在與本質》、《神學大全》等

1275年 / 意大利旅行家馬可·勃羅到中國，留居17年後返威尼斯，口述後形成《馬可·勃羅行紀》

1279年 / 中國元軍破崖山，陸秀夫負幼帝蹈海卒

1283年 / 莫斯科大公國建立

1296～1462年 / 意大利建佛羅倫斯大教堂，成為文藝復興建築的開端

1299年 / 奧斯曼一世創建奧斯曼帝國

13世紀末 / 意大利形成佛羅倫斯畫派。在文藝復興時期，眾多重要畫家都屬該畫派

1321年 / 9月14日，中世紀文藝復興運動先驅、「意大利詩歌之父」但丁去世。生於1265年5月。代表作《神曲》

1337年 / 英法百年戰爭爆發。1453年，戰爭以法國勝利結束

1368年 / 中國朱元璋在應天府（治所在今南京）稱帝，國號明，建都南京。明軍入大都（今北京），元亡

1374年 / 7月19日，意大利詩人、人文主義學者彼特拉克去世。生於1304年7月20日。著有《歌集》等。其十四行詩對歐洲文學影響深遠

1378年 / 羅馬天主教會大分裂開始

1392年 / 日本分為南朝、北朝 / 李氏朝鮮建立

1398年 / 帖木兒帝國攻入印度，焚掠德里

1399年 / 中國明朝燕王朱棣起兵北平（今北京），靖難之役起。1402年登帝位

14世紀初～1521年 / 印第安人阿茲特克文明存在

14世紀末期 / 德國紐倫堡出現雕版印刷的宗教版畫，為歐洲最早的雕版印刷物

14世紀 / 黑死病（鼠疫）流行歐洲，死亡約2500萬人

14～16世紀 / 歐洲文藝復興時期

1402年 / 帖木兒帝國在安卡拉戰役中擊敗奧斯曼帝國，俘蘇丹巴耶塞特一世

1405～1433年 / 中國明朝鄭和等七次出使西洋，歷30餘國

1420年 / 中國明朝建成世界最大宮殿建築羣——北京紫禁城宮殿

1421年 / 中國明朝遷都北京，以北京為京師，以南京為留都

1429年 / 法國民族英雄聖女貞德擊敗英軍，解除奧爾良之圍

1441年 / 葡萄牙殖民者劫掠10名非洲黑人帶回里斯本出售，非洲奴隸貿易開始

1452年 / 德國人古騰堡在西方率先使用鉛活字排版的活版印刷術

1453年 / 奧斯曼土耳其軍隊攻佔君士坦丁堡，拜占廷帝國滅亡

1462年 / 德國美因河畔法蘭克福出現一年一度的定期書市，成為當時歐洲書籍交易中心

1488年 / 葡萄牙航海家迪亞士抵好望角

1492年 / 意大利航海家哥倫布首次橫渡大西洋，發現美洲大陸，開闢從歐洲橫渡大西洋到美洲的新航線

1494年 / 西班牙、葡萄牙簽訂《托德西利亞斯條約》，劃分兩國殖民勢力範圍

1498年 / 葡萄牙航海家達伽馬繞行好望角抵印度，開闢歐洲到印度的航路

達伽馬到達印度

15世紀末 / 英國開始剝奪農民土地的圈地運動，形成農業資本家

1500年 / 葡萄牙殖民者抵達巴西

1506年 / 羅馬聖彼得大教堂動工修建，1626年建成，為世界最大的天主教堂

1517年 / 德意志宗教改革家馬丁路德公佈《九十五條論綱》，引發宗教改革 / 奧斯曼帝國征服埃及

1519年 / 5月2日，意大利藝術家達芬奇去世。生於1452年。代表作《最後的晚餐》、《蒙娜麗莎》等

1519～1522年 / 葡萄牙人麥哲倫所率船隊進行人類第一次環球航行

1520年 / 4月6日，意大利畫家拉斐爾去世。生於1483年4月6日。代表作有《草地上的聖母》、《西斯廷聖母》《雅典學派》等

1532年 / 葡萄牙在巴西建立殖民地 / 西班牙殖民者皮薩羅入侵印加帝國

1543年 / 波蘭天文學家哥白尼的《天體運行論》出版，建立日心體系說

1563年 / 中國明朝將領戚繼光、俞大猷、劉顯大破倭寇，浙、閩倭寇漸平

1564年 / 2月18日，意大利雕刻家、畫家、建築師米開蘭基羅去世。生於1475年3月6日。代表作有雕塑《大衛》、《摩西》，壁畫《創世紀》和《末日審判》等

1566～1609年 / 尼德蘭資產階級革命

1578年 / 中國明朝醫藥學家李時珍的《本草綱目》成書

1580年 / 意大利威尼斯建立世界最早銀行

1580～1640年 / 葡萄牙被西班牙統治

1582年 / 教皇格列高利十三世頒行格里曆，即現行公曆

1588年 / 英國打敗西班牙無敵艦隊

1589年 / 法國波旁王朝開始

1590年 / 豐臣秀吉統一日本

1592年 / 日本豐臣秀吉派軍入侵朝鮮，明廷命李如松援朝，次年大敗日軍。1598年日軍退出朝鮮。史稱壬辰之亂

1600年 / 英國東印度公司成立

1602年 / 荷蘭聯合東印度公司成立 / 意大利耶穌會來華傳教士利瑪竇的《坤輿萬國全圖》在中國刊行。此圖是在中國用西法繪製的現存最早的世界地圖

1609年 / 德國天文學家開普勒出版《新天文學》，創立了行星運動第一、第二定律，1619年又出版《宇宙和諧論》，提出行星運動第三定律，總稱開普勒定律 / 意大利人伽利略製成第一架天文望遠鏡，第一次用望遠鏡觀察星空

1613年 / 俄國羅曼諾夫王朝建立

1615年 / 中國女真部首領努爾哈赤正式建立軍事行政生產合一的八旗制度

1616年 / 4月23日，西班牙作家塞萬提斯去世。生於1547年9月。著有《唐吉訶德》等 / 4月23日，英國詩人、戲劇家莎士比亞去世。生於1564年4月23日。代表作有《哈姆雷特》、《羅密歐與朱麗葉》等 / 中國努爾哈赤稱汗，建都赫圖阿拉（今遼寧新賓），國號金。史稱後金

1618年 / 5月23日，歐洲三十年戰爭發生，1648年10月戰爭結束

1622年 / 荷蘭殖民者入侵中國台灣

1628年 / 英國醫師、生理學家哈維完成《關於動物體內心臟和血液運動的解剖實驗》，建立血液循環理論

約1632～1654年 / 印度莫臥兒王朝皇帝沙賈汗建造泰姬陵

1636年 / 5月，中國後金汗皇太極在盛京（今瀋陽）即帝位，改國號為大清 / 美國建劍橋學院，1639年改名哈佛學院（今哈佛大學）

1640年 / 11月，英國資產階級革命開始

1641年 / 荷蘭從葡萄牙手中奪走馬六甲

1644年 / 4月，中國李自成率大順軍攻佔北京，崇禎帝自縊，明亡 / 5月，清軍、吳三桂隊與大順軍進行山海關之戰，大順軍戰敗，清軍入關

1649年 / 1月30日，英王查理一世被送上斷頭台，英國成為共和國（至1660年）

1650年 / 2月11日，法國哲學家、西方近代哲學創始人之一笛卡爾去世。生於1596年。建立二元論哲學體系，提出形而上學學說，並創立解析幾何學

1661年 / 法國始建凡爾賽宮，至18世紀路易十五時期工程大體完成，為歐洲最大宮殿

1662年 / 2月，中國民族英雄鄭成功收復台灣

1665年 / 英國物理學家胡克在顯微鏡下發現細胞

1675年 / 英國建立格林尼治皇家天文台

1675～1710年 / 英國在倫敦建聖保羅大教堂

1676年 / 丹麥天文學家羅歇推算出光的速度

1683年 / 7月，鄭克塽降清，8月，中國康熙帝統一台灣

1687年 / 英國物理學家、數學家牛頓的《自然哲學的數學原理》問世，書中提出力學三大定律和萬有引力定律

1688～1689年 / 英國發生光榮革命，詹姆士二世被廢黜，威廉三世即位

1689年 / 9月7日，中俄《尼布楚條約》簽訂，正式劃分中俄東段邊界

1690年 / 中國清軍在烏蘭布通大敗南下的準噶爾部叛軍，噶爾丹佯帶數千人逃走

1698年 / 俄國沙皇彼得一世開始經濟改革，大力發展工業，整頓財政稅務制度

1699年 / 奧地利從奧斯曼帝國手中取得匈牙利

17世紀中葉至18世紀下半葉 / 販賣奴隸成為非洲、歐洲和美洲之間的重要貿易活動

17世紀 / 歐洲近代貨幣（紙幣）在英國產生 / 五線譜在歐洲逐步完善，至18世紀定型，成為世界通用的記譜法 / 芭蕾在法國宮廷形成 / 日本開始流行浮世繪

1705年 / 英國天文學家、數學家哈雷發現一顆週期彗星，後人稱之為哈雷彗星

1707年 / 英格蘭與蘇格蘭合併

1709年 / 中國清廷在北京始建圓明園

1751～1772年 / 法國人狄德羅主編的《百科全書》編纂出版，開創現代百科全書時代

1755年 / 2月10日，法國啟蒙思想家孟德斯鳩去世。生於1689年1月18日。反對君主專制，主張君主立憲政體，提出「三權分立」學說

1756～1763 年 ／ 歐洲國家在歐洲、美洲、印度等地和海域發生爭奪殖民地和領土的七年戰爭

1757～1849 年 ／ 英國逐步征服印度各個土邦，確立了殖民統治

1759 年 ／ 英軍在魁北克大敗法軍，法國在北美洲勢力自此走向消亡

1764 年 ／ 哈格里夫斯發明珍妮紡紗機，標誌英國工業革命開始

珍妮紡紗機

1769 年 ／ 英國發明家、機械師瓦特開始改進蒸汽機，1782 年發明並試製成功雙動式蒸汽機，出現以蒸汽機的完善和應用為標誌的第一次工業革命

18 世紀 60 年代至 19 世紀末 ／ 歐洲工業革命基本完成

1770 年 ／ 維也納古典樂派興起，代表人物有海頓、莫札特、貝多芬

1772 年 ／ 波蘭第一次被瓜分，1793 年、1795 年又被瓜分兩次，國家滅亡

1774 年 ／ 9 月 5 日至 10 月 22 日，北美第一屆大陸會議召開

1775 年 ／ 4 月，北美獨立戰爭爆發，1783 年 9 月，美英簽訂《巴黎條約》，戰爭結束

1776 年 ／ 7 月 4 日，北美第二屆大陸會議通過了《獨立宣言》，美利堅合眾國（美國）誕生 ／ 英國古典政治經濟學家亞當・斯密的《國富論》出版，創立了古典政治經濟學理論體系

1778 年 ／ 5 月 30 日，法國啟蒙思想家伏爾泰去世。生於 1694 年 11 月 21 日。主張信仰、思想、言論、出版自由和天賦人權 ／ 7 月 2 日，法國啟蒙思想家盧梭去世。生於 1712 年 6 月 28 日。提出「天賦人權」、「自由平等」、「主權在民」等理論。著有《社會契約論》

1783 年 ／ 9 月 19 日，法國蒙哥爾費兄弟製成世界第一個熱空氣氣球並升空，11 月 21 日載人升空，為人類首次升空航行

1789 年 ／ 7 月 14 日，法國大革命爆發 ／ 8 月 26 日，法國制憲議會通過《人權宣言》

1789～1797 年 ／ 華盛頓任美國總統

1791 年 ／ 12 月 5 日，奧地利作曲家莫札特去世。生於 1756 年 1 月 27 日。創作歌劇《費加羅的婚姻》、《魔笛》等

1792 年 ／ 9 月 22 日，法蘭西第一共和國建立

1793 年 ／ 1 月 21 日，法國國王路易十六被處死

1796 年 ／ 英國醫生詹納發明牛痘接種法，預防天花

1798～1799 年 ／ 法國軍事家拿破崙・波拿巴遠征埃及

1799 年 ／ 11 月 9 日，法國發生「霧月政變」，拿破崙上台執政 ／ 歐洲爆發拿破崙戰爭

1804 年 ／ 法蘭西共和國改為法蘭西帝國，拿破崙・波拿巴稱帝，為拿破崙一世 ／ 奧地利帝國建立，1867 年 6 月成立奧匈帝國

1806 年 ／ 7 月，萊茵同盟建立，拿破崙勢力深入德意志，導致同年 9 月第四次反法聯盟迅速建立

1812 年 ／ 6 月 24 日，法軍侵入俄國，俄 1812 年衛國戰爭爆發。12 月底，拿破崙一世逃回巴黎

1814～1815 年 ／ 維也納會議召開，簽訂《最後議定書》

1815 年 ／ 6 月 18 日，拿破崙一世在滑鐵盧之戰中敗北，「百日王朝」覆滅

1822 年 ／ 9 月 7 日，巴西獨立，12 月 1 日，成為立憲帝國，1889 年滅亡

1825 年 ／ 9 月 27 日，英國人史蒂芬孫設計的「動力」1 號蒸汽機車首運成功

1827 年 ／ 3 月 26 日，德國作曲家貝多芬去世。生於 1770 年 12 月 16 日。作《命運》交響曲、《田園》交響曲、《熱情》奏鳴曲等

1828 年 ／ 11 月 19 日，奧地利作曲家舒伯特去世。生於 1797 年 1 月 31 日。作 b 小調《第八交響曲》、C 大調《第九交響曲》等

1830 年 ／ 法國七月革命爆發，推翻第二次復辟的波旁王朝，建立奧爾良王朝

1831 年 ／ 英國物理學家、化學家法拉第發現電磁感應現象，隨後幾年建立了電磁感應定律

1832 年 ／ 3 月 22 日，德國詩人歌德去世。生於 1749 年 8 月 28 日。著有《浮士德》、《少年維特之煩惱》等

1837 年 ／ 2 月 10 日，俄國詩人、俄羅斯近代文學奠基人普希金去世。普希金生於 1799 年 6 月 6 日。著有《葉甫蓋尼・奧涅金》、《上尉的女兒》等

1839 年 ／ 6 月 3 日，中國林則徐在虎門海灘銷毀收繳的鴉片

1840 年 ／ 6 月，英國對中國發動鴉片戰爭

1842 年 ／ 8 月，中國清朝政府被迫簽訂中英《南京條約》，割讓香港島，開放廣州等五口對外通商

1844～1845 年 ／ 法國作家大仲馬的小說《三個火槍手》、《基督山伯爵》、《二十年後》相繼發表

1848 年 ／ 2 月，德國人馬克思和恩格斯合著的《共產黨宣言》發表，標誌馬克思主義誕生 ／ 歐洲 1848 年革命爆發。法國奧爾良王朝被推翻，法蘭西第二共和國建立

1849 年 ／ 2 月，羅馬共和國成立，5 個月後被顛覆 ／ 10 月 17 日，波蘭作曲家蕭邦去世。生於 1810 年 3 月 1 日。作鋼琴協奏曲兩部、鋼琴奏鳴曲三部以及馬祖卡、波洛奈茲舞曲等鋼琴獨奏曲

19 世紀 40 年代 ／ 英國完成工業革命

1851 年 ／ 12 月 2 日，法國總統路易・拿破崙・波拿巴發動政變。翌年 12 月稱皇帝（拿破崙三世），建立法蘭西第二帝國

1853 年 ／ 克里米亞戰爭爆發。1856 年俄國戰敗，被迫簽訂《巴黎和約》(1856)，戰爭結束

1856 年 ／ 10 月，英國藉口亞羅號事件，艦隊攻入中國廣東珠江口，一度攻入廣州外城，發動第二次鴉片戰爭

1857 年 ／ 5 月，印度民族大起義爆發，1859 年 4 月失敗 ／ 英國爆發經濟危機，波及美、法、德等國，形成第一次世界性經濟危機

1858 年 ／ 5 月，中國清朝政府被迫簽訂中俄《璦琿條約》，割讓黑龍江以北、外興安嶺以南 60 多萬平方公里的中國領土給俄國 ／ 6 月，俄、美、英、法逼迫中國清朝政府相繼簽訂《天津條約》

1859 年 ／ 英國生物學家達爾文的《物種起源》出版，提出生物進化論

1860 年 ／ 8～10 月，英法聯軍佔領中國天津，攻陷北京，劫掠、焚毀圓明園等五所皇家園林 ／ 10 月，中國清朝政府被迫簽訂中英、中法《北京條約》，割讓九龍半島給英國，賠償英國 800 萬兩白銀、法國 800 萬兩白銀 ／ 11 月，中國清朝政府被迫簽訂《中俄北京條約》，將烏蘇里江以東約 40 萬平方公里的中國領土割歸俄國

1861 年 ／ 3 月 4 日，林肯就任美國第 16 任總統，1865 年 4 月 14 日遇刺身亡 ／ 4 月，美國南北戰爭發生 ／ 12 月，墨西哥反英法西戰爭發生，1867 年 7 月，墨西哥取得勝利 ／ 意大利王國成立，1870 年意大利完成統一

美國南北戰爭

1862 年 ／ 9 月 22 日，美國內閣會議公佈預告性《解放宣言》（草案），1863 年元旦正式頒佈生效 ／ 9 月，俾斯麥就任普魯士王國首相。1871 年德意志統一時兼任德意志帝國宰相

1863 年 ／ 英國倫敦建成世界第一條地下鐵道

1864 年 ／ 9 月，國際工人協會（即第一國際）在倫敦成立 ／ 10 月，《中俄勘分西北界約記》簽訂，中國清政府被迫把巴爾喀什湖以東、以南和齋桑泊南北 44 萬多平方公里的中國領土割給俄國

1866 年 ／ 6 月，普奧戰爭發生

1867 年 ／ 6 月，奧匈帝國建立 ／ 9 月，德國馬克思《資本論》第一卷出版，標誌著馬克思主義經濟學說形成

1868 年 ／ 日本實行明治維新

1869 年 ／ 11 月，連接地中海和紅海的蘇彝士運河鑿成通航

19 世紀 60 年代 ／ 美國完成工業革命

19 世紀 60 年代末 ／ 法國完成工業革命

1870 年 ／ 6 月 9 日，英國小說家狄更斯去世。生於 1812 年 2 月 7 日。著《大衛・科波菲爾》、《霧都孤兒》和《雙城記》等 ／ 7 月，普法戰爭爆發。9 月，法蘭西第二帝國被推翻。翌年 5 月，戰爭結束，法國戰敗 ／ 9 月 4 日，法蘭西第三共和國建立

1871 年 ／ 1 月 18 日，德意志帝國建立 ／ 3 月 18 日，巴黎無產階級起義，26 日成立巴黎公社，5 月 28 日巴黎公社失敗

1872 年 ／ 美國在懷俄明州的黃石公園建立世界上第一個自然保護區

1873 年 ／ 德國、美國爆發經濟危機，接著衝擊英國和法國，經濟危機持續約五年

1876 年 ／ 3 月，美籍蘇格蘭人貝爾發明電話

1879 年 ／ 5 月，德國在柏林建成世界上第一條電氣化鐵路 ／ 10 月，美國發明家、企業家愛迪生發明有實用價值的碳絲白熾燈，開創人類電氣照明時代

19 世紀 70 年代 ／ 德國完成工業革命

1882 年 ／ 4 月 19 日，英國生物學家、進化論奠基人達爾文去世。生於 1809 年 2 月 12 日。著有《物種起源》，提出以自然選擇為基礎的生物進化學說，成為 19 世紀自然科學的三大發現之一 ／ 5 月，德奧意三國同盟形成

1883 年 ／ 3 月 14 日，德國馬克思去世。生於 1818 年 5 月 5 日。創立馬克思主義 ／ 12 月，侵越法軍追攻中國軍隊，中法戰爭爆發。1885 年 4 月，中法雙方在巴黎簽訂停戰協定，戰爭結束

1884 年 ／ 11 月 15 日，英、法、德等 15 個國家召開瓜分非洲的柏林會議，1885 年 2 月 26 日會議結束 ／ 越南淪為法國殖民地

1885 年 ／ 5 月 22 日，法國詩人、小說家雨果去世。生於 1802 年 2 月 26 日。著有《巴黎聖母院》、《悲慘世界》、《九三年》等

1886 年 ／ 7 月 31 日，匈牙利作曲家、鋼琴家、指揮家李斯特去世。生於 1811 年 10 月 22 日。作《匈牙利狂想曲》和交響曲《浮士德》等

1888 年 ／ 6 月，法國作曲家狄蓋特為《國際歌》譜曲

1889 年 ／ 7 月 14 日，第二國際成立大會在巴黎舉行，通過 5 月 1 日為國際勞動節的決議 ／ 11 月，巴西推翻皇帝佩德羅二世，建立共和國 ／ 法國建成艾菲爾鐵塔

1890 年 ／ 7 月 29 日，荷蘭畫家梵高去世。生於 1853 年 3 月 30 日。代表作《向日葵》、《星光燦爛》等

1891 年 ／ 俄國興建世界上最長的鐵路西伯利亞鐵路，1916 年全線通車

1892 年 ／ 8 月，法俄簽訂軍事協定，法俄同盟形成

1893 年 ／ 7 月 6 日，法國作家莫泊桑去世。生於 1850 年 8 月 5 日。著有《羊脂球》、《項鏈》、《俊友》等 ／ 11 月 6 日，俄國作曲家柴可夫斯基去世。生於 1840 年 5 月 7 日。創作有歌劇《葉甫蓋尼・奧涅金》和舞劇音樂《天鵝湖》《睡美人》、《胡桃夾子》、交響曲《悲愴》等

1894 年 ／ 7 月，日本海軍襲擊中國北洋水師艦船和運兵輪，中日甲午戰爭爆發 ／ 9 月，中日兩國海軍在鴨綠江口外進行黃海海戰，是世界海戰史上首次裝甲艦隊間的決戰 ／ 11 月，中國民主革命家、思想家孫中山在檀香山建立中國最早的民主革命團體興中會

1895 年 ／ 4 月，中國清朝政府被迫與日本簽訂中日《馬關條約》，割讓台灣給日本，並賠款 2.3 億兩白銀

1896 年 ／ 4 月，第一屆現代奧林匹克運動會在希臘雅典舉行

1897 年 ／ 發生第一次希土戰爭，希臘戰敗。1919～1922 年發生第二次希土戰爭，希臘再次戰敗

1898年 ／4月，美西戰爭爆發。8月12日兩國簽訂停火協議。戰爭以美國勝利而告終／6月，英國強迫中國清朝政府簽訂《展拓香港界址專條》，將新界「租借」給英國，租期99年／7月，英國強租中國威海衛

1899年 ／1月，菲律賓第一共和國成立／2月，菲美戰爭爆發。1901年4月菲律賓失敗，共和國瓦解／10月11日，英布戰爭爆發，1902年5月31日布爾人被迫簽訂《弗里尼欣條約》，英國確立了在南部非洲的霸權地位

1900年 ／8月，八國聯軍侵入中國北京，慈禧太后挾光緒帝出逃／瑞典國王和議會根據化學家諾貝爾遺囑成立諾貝爾基金會，設立諾貝爾獎

1901年 ／9月，中國清朝政府被迫與英、美、俄、德、日、奧、法、意、西、荷、比11國公使簽訂《辛丑條約》，中國賠款4.5億兩白銀，並喪失多項主權／美國摩根家族組成大托拉斯「美國鋼鐵公司」

1902年 ／5月20日，古巴共和國成立

1903年 ／12月，美國萊特兄弟研製的第一架飛機「飛行者」1號試飛成功

1904年 ／2月，日本海軍偷襲中國旅順口的俄國軍艦，日俄戰爭爆發，次年俄國戰敗

1905年 ／9月，中國鐵路工程師詹天佑主持的中國第一條自行設計施工的京張鐵路開工，1909年8月建成

1907年 ／8月，英俄協定締結，英法俄三國協約完成

1908年 ／7月3日，土耳其革命發生，1909年4月結束

1909年 ／3月1日，美國極地探險家彼利從哥倫比亞角出發，4月6日到達北極

1910年 ／4月21日，美國小說家馬克·吐溫去世。生於1835年11月31日。代表作有《競選州長》、《湯姆·索亞歷險記》等／8月，日本以武力逼迫朝鮮簽訂《日韓合併條約》，正式吞併朝鮮／10月，墨西哥資產階級民主革命發生，1917年結束／11月20日，俄國作家托爾斯泰去世。生於1828年9月9日。著有《戰爭與和平》、《安娜·卡列尼娜》、《復活》等

1911年 ／10月10日，中國武昌新軍起義，佔領武昌、漢口、漢陽。11日，成立中華民國軍政府，各省響應，形成全國規模的辛亥革命

武昌起義

1912年 ／1月1日，中華民國成立，孫中山就任臨時大總統，組織南京臨時政府，改用公曆／4月14日，鐵達尼號事件發生

1914年 ／3月，英國代表同中國西藏地方政府設計非法的中印邊界線麥克馬洪線／6月28日，奧匈皇儲在薩拉熱窩遇刺身亡，引發第一次世界大戰（1914～1918）／8月，溝通太平洋和大西洋的美洲巴拿馬運河竣工／英法聯軍與德軍展開第一次馬恩河戰役，1918年展開第二次戰役，協約國從此完全掌握戰略主動權

1915年 ／6月，中俄蒙簽訂《恰克圖協約》，外蒙古承認中國宗主權，中俄承認外蒙古自治，為中國領土的一部分

1916年 ／2月，法軍與德軍開始進行凡爾登戰役，12月結束／5月，英國與德國進行日德蘭大海戰／英法聯軍與德軍進行索姆河戰役

1917年 ／3月，俄國二月革命，羅曼諾夫王朝被推翻，俄國臨時政府成立／4月，美國對德宣戰／8月，中國北京政府對德、奧兩國宣戰，參加第一次世界大戰／11月7日，俄國十月社會主義革命爆發，第一個無產階級專政國家建立

1918年 ／3月，蘇維埃俄國與德國等國簽訂《布列斯特—立陶夫斯克和約》，俄退出第一次世界大戰／11月11日，德國投降，同盟國戰敗，第一次世界大戰結束／蘇俄國內戰爭發生，1920年結束

1919年 ／1月，巴黎和會召開／3月，第三國際在莫斯科成立／5月4日，北京爆發五四運動／6月28日，結束第一次世界大戰的《凡爾賽和約》簽訂。1920年1月10日生效／8月11日，德國魏瑪共和國建立／土耳其凱末爾革命發生，1923年取得成功

1920年 ／1月，國際聯盟（簡稱國聯）在瑞士日內瓦成立

1921年 ／7月23日，中國共產黨第一次全國代表大會在上海召開，中國共產黨成立

1922年 ／12月30日，蘇維埃社會主義共和國聯盟（蘇聯）成立。1991年解體

1923年 ／11月，德國希特拉在慕尼黑發動啤酒館暴動

1924年 ／1月21日，俄共和蘇聯主要創建者列寧逝世。生於1870年4月22日。他發展了馬克思主義，創立了列寧主義

1927年 ／8月，中國共產黨舉行南昌起義／9月，中國毛澤東領導湘贛邊界秋收起義。10月起義部隊進入井岡山，建立革命根據地

1928年 ／4月，中國毛澤東、朱德領導的兩支起義部隊在井岡山會師／12月，中國張學良宣佈東北易幟，實現了國家統一

1929年 ／資本主義世界經濟危機開始，至1933年結束

20世紀20年代 ／英國考古學家馬歇爾發現南亞哈拉帕和摩亨佐·達羅為印度河文明的兩個中心

1931年 ／9月18日，日本關東軍在中國製造九一八事變

1932年 ／1月28日，日軍進攻上海，中國軍隊奮起抗擊，史稱一·二八事變

1933年 ／希特拉統治下的德國第三帝國建立，僅存在12年

1934年 ／10月，中國工農紅軍開始長征

1935年 ／田漢作詞、聶耳譜曲的《義勇軍進行曲》問世。1949年被確定為中華人民共和國代國歌，1982年被確定為國歌

1936年 ／6月18日，蘇聯作家、蘇聯社會主義文學的奠基人高爾基去世。生於1868年3月16日。著有《母親》和自傳體三部曲（《童年》、《在人間》、《我的大學》）等／11月，日本、德國簽訂《反共產國際協定》／12月12日，中國愛國將領張學良、楊虎城發動西安事變，經中國共產黨和各方努力，西安事變和平解決，為國共第二次合作奠定基礎

1937年 ／7月7日，日軍炮擊中國北平宛平城，盧溝橋事變發生，抗日戰爭全面爆發，史稱七七事變／8月13日，日軍大舉進攻上海，淞滬會戰開始，11月12日上海陷落／12月13日，南京陷落，日軍屠殺中國軍民30多萬人，史稱南京大屠殺

1939年 ／8月，蘇聯、德國簽訂《蘇德互不侵犯條約》／9月1日，德國入侵波蘭，3日英國、法國對德宣戰，第二次世界大戰全面爆發

1940年 ／4～5月，德國軍隊入侵丹麥、挪威、比利時、荷蘭、盧森堡和法國／6月4日，歷時九晝夜的鄧寇克撤退結束，33萬多英、法官兵經英吉利海峽撤回英國／8～9月，英國、德國空軍進行不列顛之戰／9月，《德日三國同盟條約》簽訂，德國、意大利、日本三國軸心軍事同盟正式形成

1941年 ／6月22日，德國入侵蘇聯，蘇德衛國戰爭開始／9月至1942年4月，蘇德兩軍進行莫斯科會戰／12月7日，日軍偷襲珍珠港的美國軍港和機場，太平洋戰爭爆發。8日，英國、美國對日本宣戰。9日，中國對軸心國家宣戰。11日，美國對德國、意大利宣戰

偷襲珍珠港

1942年 ／1月，美國、英國、蘇聯、中國等26國在華盛頓簽署《聯合國家宣言》，世界反法西斯聯盟形成／2～4月，中國遠征軍進入緬甸協助英軍對日作戰，救出被圍英軍7000人／6月，日本、美國海軍進行中途島海戰，日本海軍聯合艦隊機動部隊四艘大型航空母艦被擊沉／7月，蘇德兩軍開始進行史太林格勒會戰，1943年2月會戰結束

1943年 ／6月，第三國際宣佈解散／7～8月，蘇德兩軍進行庫爾斯克會戰／9月，盟軍在意大利南部登陸，意大利宣佈投降／11～12月，開羅會議和德黑蘭會議相繼舉行。中國、美國、英國發表《開羅宣言》，明確規定，日本投降後，滿洲、台灣、澎湖列島歸還中國

1944年 ／6月，盟軍進行諾曼底登陸戰役，歐洲第二戰場正式開闢

1945年 ／2月，蘇、美、英三國首腦舉行雅爾達會議，簽署《雅爾達協定》／4～5月，希特拉自殺／4～6月，聯合國國際組織會議召開，簽署《聯合國憲章》／5月2日，蘇軍攻克柏林，5月8日，德國無條件投降／8月6日、9日，美國空軍先後向日本廣島、長崎投擲原子彈／8月8日，蘇聯對日宣戰，百萬紅軍、紅海軍發起遠東攻勢戰役，迅速殲滅了日本關東軍和日本駐守庫頁島南部、千島羣島的部隊／8月15日，日本宣佈無條件投降。9月2日，日本在投降書上簽字，第二次世界大戰結束／8月28日，中國毛澤東抵重慶，與蔣介石會談／10月24日，聯合國正式成立

1946年 ／1月，遠東國際軍事法庭成立，審判日本戰犯／3月，英國首相邱吉爾在美國發表富爾頓演說，揭開戰後40多年冷戰序幕／5月3日，東京審判開始，至1948年11月12日結束。被告28人，其中判處東條英機、廣田弘毅等甲級戰犯7人絞刑

1947年 ／6月，美國國務卿馬歇爾提出援助歐洲經濟復興方案，通稱馬歇爾計劃

1948年 ／4月，世界衞生組織（WHO）成立／5月14日，以色列國成立；15日，第一次中東戰爭（巴勒斯坦戰爭）爆發／9月，中國人民解放軍東北野戰軍和東北軍區部隊發起對國民黨軍的遼瀋戰役／11月，中國人民解放軍先後發起淮海戰役、平津戰役，國民黨軍隊大部分被殲滅

1949年 ／1月，中國北平（今北京）和平解放，平津戰役結束／4月21日，中國人民解放軍強渡長江；23日佔領南京，國民黨在大陸的統治結束／4月，美國等12個國家在華盛頓簽訂軍事同盟條約《北大西洋公約》；8月，成立北大西洋公約組織，總部設在比利時首都布魯塞爾／10月1日，中華人民共和國開國大典

1950年 ／2月，中蘇兩國政府締結《中蘇友好同盟互助條約》／6月，朝鮮戰爭爆發，美國等「聯合國軍」介入，美國第七艦隊侵佔台灣海峽。中國政府發表聲明譴責美國侵略中國領土台灣／10月，中國人民志願軍組成並赴朝鮮進行抗美援朝戰爭

1951年 ／5月23日，中國《中央人民政府和西藏地方政府關於和平解放西藏辦法的協議》在北京正式簽訂，西藏和平解放／9月，《舊金山對日和約》和《日美安全保障條約》簽訂

1952年 ／9月，《世界版權公約》在日內瓦簽署，1955年9月生效／11月，美國進行世界上首次氫彈試驗

1953年 ／3月5日，蘇聯領導人史太林去世。生於1879年12月21日。領導蘇聯衛國戰爭取得勝利／7月27日，《朝鮮停戰協定》簽訂，朝鮮戰爭結束

1954年 ／7月，《關於恢復印度支那和平的日內瓦協議》簽署，第一次印度支那戰爭結束

1954～1962年 ／阿爾及利亞戰爭

1955年 ／4月，亞非萬隆會議召開，確認和平共處五項原則／5月14日，《華沙條約》簽訂，6月，華沙條約組織成立，總部設在莫斯科

1956年 ／6月，波蘭發生波茲南事件／10月，匈牙利事件發生

1956～1957年 ／第二次中東戰爭（蘇彝士運河戰爭）

1957年 ／10月4日，蘇聯成功發射世界第一顆人造地球衞星，人類進入空間科學的新時代

1958年 ／1月，歐洲經濟共同體成立

1959年 ／1月，古巴革命勝利／9月，石油輸出國組織成立／非洲喀麥隆、多哥、馬達加斯加、剛果（利）（今剛果）金）、索馬里、達荷美（今貝寧）、尼日爾、上沃爾特（今布基納法索）、象牙海岸（今科特迪瓦）、乍得、中非、剛果（布）、加蓬、塞內加爾、馬里、尼日利亞、毛里塔尼亞17國先後獨立，史稱非洲獨立年

1961 年 ／ 4 月 12 日，蘇聯發射第一艘載人飛船「東方」1 號，航天員加加林完成人類首次太空飛行／5 月，越南戰爭發生，1975 年 4 月結束／8 月，民主德國修建柏林圍牆

1962 年 ／ 10 ～ 12 月，蘇聯、美國製造加勒比危機，又稱古巴導彈危機／伊斯蘭世界聯盟在麥加成立

1963 年 ／ 5 月，非洲統一組織成立／11 月 22 日，美國總統甘迺迪在達拉斯遇刺身亡。生於 1917 年 5 月 29 日

1964 年 ／ 6 月，七十七國集團形成／10 月 1 日，日本建成東京至大阪的東海道新幹線，為世界第一條高速鐵路／10 月 16 日，中國第一顆原子彈爆炸成功／10 月，蘇聯赫魯曉夫下台，勃列日涅夫任蘇共中央總書記

1965 年 ／ 9 月，第二次印巴戰爭發生

1966 年 ／ 5 月 16 日，中共中央政治局擴大會議通過《五一六通知》。「文化大革命」開始／中國數學家陳景潤證明了哥德巴赫猜想之 (1+2) 命題，稱為「陳氏定理」

1967 年 ／ 6 月，第三次中東戰爭（六五戰爭）發生

1968 年 ／ 1 月，阿拉伯石油輸出國組織成立／6 月，聯合國大會通過《不擴散核武器條約》／8 月，蘇聯出兵捷克斯洛伐克，「布拉格之春」運動失敗

1969 年 ／ 7 月 20 日，美國發射「阿波羅」11 號飛船，人類首次登上月球

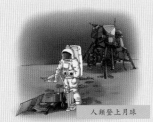

人類登上月球

1970 年 ／ 4 月，中國成功發射第一顆人造地球衛星——「東方紅」1 號衛星／埃及阿斯旺高壩建成，壩高 111 米，庫容 1689 億立方米

1971 年 ／ 4 月，蘇聯「禮炮」1 號空間站發射進入太空，為人類第一個空間站／5 月，伊斯蘭會議組織成立／10 月 25 日，第二十六屆聯合國大會決議恢復中華人民共和國在聯合國的合法席位和權利，同時取消台灣當局的席位／11 ～ 12 月，第三次印巴戰爭發生，巴基斯坦被武力肢解

1972 年 ／ 2 月 21 日，美國總統尼克遜訪問中國。28 日在上海簽署《中美聯合公報》，標誌中美關係走向正常化／6 月，美國發生水門事件

1973 年 ／ 1 月，聯合國環境規劃署建立／10 月，第四次中東戰爭（十月戰爭）發生

1974 年 ／ 1 月 19 日，中國海軍擊沉擊傷侵入西沙羣島的南越軍艦四艘，收復甘泉等三島

1975 年 ／ 2 月，歐洲共同體與非洲、加勒比、太平洋地區 46 國簽訂《洛美協定》

1976 年 ／ 7 月 28 日，中國唐山發生黎克特制 7.8 級地震／7 月，越南民主共和國與越南南方共和國宣告統一／9 月 9 日，中國共產黨中央委員會主席、中央軍委主席毛澤東去世。毛澤東生於 1893 年 12 月 26 日，毛澤東思想的主要創立者／10 月，中國江青反革命集團被中共中央一舉粉碎。「文化大革命」結束

1978 年 ／ 7 月 25 日，世界上第一例試管嬰兒誕生／12 月 16 日，中美兩國發表建交公報，自 1979 年 1 月 1 日起建立外交關係／12 月，越南入侵柬埔寨

1979 年 ／ 2 月 17 日，中國邊防軍進行中越邊境自衛還擊戰，重創屢犯中國邊境的越軍，3 月 16 日結束作戰／2 月，伊朗伊斯蘭革命發生，巴列維王朝被推翻，成立伊斯蘭共和國／12 月，蘇聯入侵阿富汗戰爭爆發

1980 年 ／ 9 月，兩伊戰爭爆發

1981 年 ／ 3 月，拉丁美洲一體化協會成立／6 月，美國報告世界上第一例愛滋病病例／11 月，美國「哥倫比亞」號航天飛機實現首次太空飛行

1982 年 ／ 6 月，英國與阿根廷爆發馬爾維納斯羣島戰爭，首次規模使用制導武器

1983 年 ／ 10 月，美國入侵格林納達

1985 年 ／ 3 月 22 日，聯合國環境規劃署通過《保護臭氧層維也納公約》

1986 年 ／ 4 月 26 日，蘇聯切爾諾貝爾原子能發電站發生嚴重的核燃料洩漏事故／10 月，英國首次發現瘋牛病

1987 年 ／ 9 月 11 日，這一天被定為「世界 50 億人口日」

1988 年 ／ 8 月，伊朗、伊拉克停火，持續近八年的兩伊戰爭結束／11 月，巴勒斯坦國宣告成立，12 月宣佈承認以色列國

1989 年 ／ 1 月 7 ～ 11 日，149 個國家參加的禁止化學武器國際大會在巴黎舉行／11 月，亞太經濟合作組織成立／12 月，德意志民主共和國拆除柏林圍牆

1990 年 ／ 8 月 23 日，民主德國決定加入聯邦德國。31 日兩德簽署統一條約，規定首都為柏林

1991 年 ／ 1 月 17 日，海灣戰爭爆發。美、英、法、沙特、科威特等多國部隊發起「沙漠風暴」行動，戰爭以大規模巡航導彈攻擊伊拉克戰略目標和大規模空襲巴格達開始，4 月 11 日結束／5 月 6 日，巴西和巴拉圭共建的伊泰普水電站建成／7 月 1 日，華沙條約組織六國領導人在布拉格簽署議定書，宣告華沙條約組織結束

1992 年 ／ 6 月 3 日，聯合國環境與發展大會在巴西里約熱內盧舉行。187 個國家的代表與會，其中 118 個國家的國家元首或政府首腦參加。會議通過《里約熱內盧宣言》和《21 世紀行動議程》

1993 年 ／ 1 月 13 ～ 15 日，《禁止化學武器公約》簽約大會在巴黎舉行，130 個國家簽約／11 月 1 日，歐共體一體化的《馬斯特里赫特條約》開始生效，歐洲聯盟正式誕生／12 月 10 日，連接英法兩國的英吉利海峽隧道建成，次年 5 月通車／美國使用全球衛星導航定位系統導航民用飛機試驗成功，標誌民用導航進入一個新的技術時代

1994 年 ／ 9 月 2 日，愛沙尼亞的巨型渡輪「愛沙尼亞」號在波羅的海沉沒，912 人死亡，為第二次世界大戰以來歐洲最慘重的海難事件／10 月 26 日，約旦和以色列正式簽署兩國和平條約，標誌兩國長達 46 年的戰爭狀態結束。11 月 27 日兩國建交

1995 年 ／ 1 月 1 日，世界貿易組織成立，取代運行 46 年的關稅及貿易總協定組織／10 月 24 日，聯合國成立 50 週年紀念日，150 餘個國家元首和政府首腦與會，發表《聯合國 50 週年紀念宣言》

1996 年 ／ 7 月 5 日，英國愛丁堡羅斯林研究所培育成功無性繁殖的綿羊「多莉」，為生物工程史上的里程碑／9 月 10 日，聯合國大會通過《全面禁止核試驗條約》，24 日中、美、俄等 130 多個國家在條約上簽字

1997 年 ／ 7 月 1 日，中英兩國政府香港政權交接儀式在香港舉行。中國於 1997 年 7 月 1 日零點對香港恢復行使主權，中華人民共和國香港特別行政區成立，重建華出任第一任行政長官／亞洲金融危機爆發。最初發生於泰國，其後波及東南亞和世界金融市場。1998 年結束

1998 年 ／ 12 月 17 日，美國以伊拉克不與聯合國武器核查委員會合作為理由，未經聯合國安理會批准，同英國一起發動代號為「沙漠之狐」的空中打擊行動

1999 年 ／ 1 月 1 日，歐洲單一貨幣歐元正式啟動／3 月 24 日 ～ 6 月 10 日，美國為首的北約軍隊對南聯盟進行長達 78 天的大規模空襲／12 月 20 日，中葡兩國政府在澳門文化中心花園館順利完成澳門政權交接儀式。中國政府恢復對澳門行使主權，中華人民共和國澳門特別行政區正式成立，何厚鏵出任第一任行政長官

歐元流通

2000 年 ／ 9 月 6 ～ 8 日，聯合國千年首腦會議在紐約聯合國總部舉行，150 多位國家元首和政府首腦與會。會議通過《聯合國千年宣言》，重申對《聯合國憲章》宗旨和原則的承諾／中國夏商周斷代工程正式公佈《夏商周年表》，推定夏、商、周三代紀年

2001 年 ／ 3 月，阿富汗佛教石窟羣巴米揚石窟被塔利班炸毀／9 月 11 日，美國發生恐怖襲擊 911 事件／10 月 8 日，美國和英國的部隊開始對阿富汗進行軍事打擊，阿富汗戰爭開始。12 月 7 日，塔利班政權垮台／12 月 11 日，中國加入世界貿易組織（WTO）

2002 年 ／ 1 月 1 日零時，歐元正式流通，標誌着歐洲部分國家致力 30 年的單一貨幣體系進程最終完成／7 月 9 日，非洲聯盟成立，取代非洲統一組織／11 月，傳染性非典型肺炎疫情（即非典）在中國廣東佛山市發現並迅速蔓延至美國、加拿大等 32 個國家和地區。2003 年 3 月 12 日，世界衛生組織發佈傳染性非典型肺炎全球警報。6 月底，全球非典疫情基本控制

2003 年 ／ 3 月，伊拉克戰爭爆發，美英聯軍未經聯合國安理會授權發起軍事行動。之後，美軍佔領伊拉克首都巴格達，薩達姆政權被推翻

2004 年 ／ 1 月，美國「勇氣」號、「機遇」號火星探測器先後在火星表面着陸，並找到火星曾經有水的確鑿證據／12 月 26 日，印度尼西亞蘇門答臘島海域發生黎克特制 8.9 級地震，並引發印度洋海嘯，死亡約 30 萬人

2005 年 ／ 10 月，中國公佈珠穆朗瑪峰海拔 8844.43 米。1975 年公佈的珠峰高程數據停止使用

2006 年 ／ 5 月，中國三峽大壩建成，全長 2309 米，最大壩高 181 米，是世界上最大的水利樞紐工程／7 月，中國青藏鐵路全線正式通車。這是世界上海拔最高、線路最長的高原鐵路／8 月，第 26 屆國際天文學聯合會 (IAU) 大會決定冥王星不再屬於太陽系行星。太陽系九大行星改稱八大行星

2007 年 ／ 美國次貸危機引發全球金融市場動盪

2008 年 ／ 中國四川省汶川縣發生黎克特制 8.0 級地震／8 月 8 ～ 24 日，中國北京舉辦第 29 屆夏季奧運會／8 月 8 日，俄羅斯和格魯吉亞爆發軍事衝突

2009 年 ／ 1 月 27 日，中國第三個南極科學考察站崑崙站在南極內陸冰蓋的最高點冰穹 A 地區落成，成為南極海拔最高的科學考察站

2010 年 ／ 2 月 27 日，智利發生 8.8 級強烈地震／4 月 21 日，前國際奧委會主席薩馬蘭奇逝世

2011 年 ／ 3 月 11 日，日本發生黎克特制 9 級地震並引發海嘯和核洩漏事故／5 月 1 日，美國擊斃「基地」組織頭目本·拉登／10 月 31 日，世界人口達 70 億

2012 年 ／ 7 月，倫敦舉辦第 30 屆夏季奧運會／8 月 6 日，美國「好奇號」火星車在火星表面着陸

2013 年 ／ 12 月 5 日，南非反種族隔離鬥士、20 世紀傑出的政治人物納爾遜·曼德拉在約翰內斯堡逝世，享年 95 歲

2014 年 ／ 3 月 8 日，馬來西亞航空公司一架飛往北京的客機 MH370 途中失聯，下落不明

2015 年 ／ 世界反法西斯戰爭勝利 70 週年／7 月 20 日，美國古巴正式恢復外交關係，互設使館，終結兩國冷戰

索引